Thomas Bubendorfer

Die Qualität des nächsten Schrittes

Thomas Bubendorfer

Mount Fitz Roy

Die Qualität des nächsten Schrittes

Orac

Fotos: Dietmar Sochor, A-5700 Zell am See/Österreich

Fotos ab Seite 112: Thomas Bubendorfer (mit Leica R4, R4S), Selbstauslöser

1. Auflage (1.–10. Tausend): September 1986
2. Auflage (11.–20. Tausend): Oktober 1986

ISBN 3-7015-0057-6
Schutzumschlag und grafische Gestaltung: Fritz Gnan
Lektorat: Leo Mazakarini/Christine Jambor
Technik: Imprima W. Menches
Satz: Bernhard Computertext, Wien
Farblithos: Reproform, Wien
Druck und Bindearbeiten: Wiener Verlag, Himberg bei Wien

Liebe Ursula

INHALT

Eiger 1983 – ein vorerst letzter Schritt…

Eiger 1983 –
ein vorerst letzter Schritt

„Reiten, reiten, reiten." Der Cornet.

„Reiten durch den Tag, durch die Nacht, durch den Tag."

Ich kletterte neun Jahre lang in Fels, in Eis, in Schnee. Am Hochschwab, in den italienischen Dolomiten, im schweizerischen Wallis, am Montblanc und selbst ins kirgisische Rußland hinein. Vom Meeresniveau bis hinauf, über 7.000 Meter hoch.

Klettern durch die Schulzeit, die Pubertät; trotz Reifeprüfung klettern, trotz der Eltern, der Mädchen, des Militärs. Klettern: mit allen Ängsten, durch die Träume, durch die Morgen, durch die Nacht.

Klettern.

Dann der 27. Juli 1983: Alleingang. 1.800 Meter. Das ist in den Alpen die höchste Wand. Eiger. Die Nordwand.

Hungerlos aufgebrochen, ohne Frühstück, noch tief in der Nacht „...durch den Tag, durch die Nacht, durch den Tag..."

Nach einer knappen Stunde, schweißnaß vom schnellen Gehen, eingestiegen in die untersten, tiefsten Felsen. Über ein Schneefeld hochgestapft, brüchige Bänder gequert, über kleine Schmelzwasserbäche gespreizt.

Noch immer war es finster. Im Schein der schwachen Stirnlampe an zwei biwakierenden Engländern vorbei, stehengeblieben nur auf ein kurzes Wort.

Weiter.

Morgendämmerung. Gegen fünf. Ohne Zögern den ersten riesigen Wasserfall gequert. Um diese frühe Zeit führt er noch wenig Wasser. Den glatten, eisenfesten Stein des unangenehmen „schwierigen Risses" hinauf. Selbstverständlich, mit fließenden Bewegungen, hier in den gewohnten profillosen Kletterschuhen steckend, felsige Bänder, brüchige Leisten schräg links ansteigend, gequert bis zu den verwitterten, vom Steinschlag zerfetzten Seilen des „Hinterstoißer-Querganges".

Das Hauptseil hing in der Mitte nur mehr an ein paar Litzen. Ungesichert, wie ich war, wäre seine Benützung tödlich für mich gewesen. Ich ignorierte es auch die ganzen waagrechten, nassen, spiegelglatten vierzig Meter lang; leckte wie nebenbei und ganz ruhig den strömenden Schweiß von den Lippen, die Zunge, wie immer bei voller Konzentration, zwischen die Zähne gesteckt, und schlich angespannt hinüber.

Steil in den Felsen weiter am „Ersten Eisfeld" entlang an einer zweiten, gerade frühstückenden englischen Seilschaft vorbei („Hi. You seem fit. Want a cup of tea?").

Und weiter.

Das war das erste Drittel. Im Flug, mit einem einzigen gigantischen Herzschlag, in einem tiefen Ein- und Ausatmen, zum Teil in der Dunkelheit. In der ersten Tagesstunde hatte ich es hinter mich gebracht. Und blieb nicht stehen, wurde bis ganz hinauf nicht langsamer und nicht müde, ruhte und rastete und stockte nicht.

Nichts, *weißt Du*, sollte an diesem Tag mehr eine Frage, ein Problem, eine besondere Schwierigkeit sein.

Mein Klettern war, *wie für Dich* wohl aufrechtes Gehen ist. Ich selbst wunderte mich nicht, daß ich mich in der felsigen Senkrechten der Eiger-Nordwand – so wie Du Dich über eine Wiese – eben „mit den Händen" fortbewegte. Das war mir so selbstverständlich, so natürlich, schien ganz normal.

Neun Jahre Bergerfahrung: Abgründe, Gletscher, Stürme, Fingerkrämpfe, Todesängste – die Eindrücke aus gut hundert extremen Alleingängen und vier-, fünfmal so vielen Tagen mit Kameraden am Berg kumulierten, spielten zusammen in diesen unglaublichen knappen fünf Stunden.

Kein Seil, keine Haken, nichts, um mich selbst zu sichern, trug ich mit. Gleichsam um mich in dieser höchsten Wand bis zu einer äußersten Grenze mir selbst auszuliefern, hatte ich auf fast die gesamte, für ein derartiges Vorhaben übliche Ausrüstung verzichtet.

An den Hüften befestigt waren zwei kurze Pickel. Während der Felskletterei lagen im Rucksack verstaut die Steigeisen und die steifen Kunststoffschalen der Außenschuhe – für die Eisfelder. Eine Flasche mit Mineralgetränk, eine Tafel Schokolade, eine Handvoll Nüsse. Kein Anorak, kein Biwaksack, kein warmer Pullover, keine Rettungsleuchtrakete, nichts.

Hier in der Wand mußte ich mir selbst und absolut genug sein. Mein Leben hing ab von der Qualität meines jeweils nächsten Schrittes.

Ohne Hilfsmittel war zudem nach dem „Hinterstoißer-Quergang" ein Rückzug ausgeschlossen. Theoretisch saß ich gefangen in der Wand, die schon so vielen zur Falle geworden war.

Heute war es ganz anders als sonst. Zweifelnde Gedanken, Unsicherheit kamen gar nicht erst auf. Ich wollte nicht zurück, und ich mußte es auch nicht.

Wie auf einem von unsichtbarer Hand bewegten Laufband zogen das

„Zweite Eisfeld", die anschließenden Felsen, das „Todesbiwak", der eisige, enge Kamin der „Rampe", der pechschwarze, brüchige, unheimlich ausgesetzte „Götterquergang", zogen die von immensem Steinschlag dunkel gezeichnete „Weiße Spinne" und die extremen „Ausstiegsrisse" unter meinem nie stockenden, nie zögernden, von Schweiß und Schmelzwasser klatschnassen Körper vorbei. Wechselweise schlugen die beiden Pickel, stießen die messerscharfen, frisch geschliffenen Zacken der Steigeisen zu. Fanden in den oft von hauchdünnem, trügerischem Wassereis überzogenen Felsen die bloßen Finger Halt. Und – um optimalen Druck auszuüben – weit gespreizt, den Oberkörper sicher balancierend, tasteten die Beine nach den selten festen Trittchen und Käntchen, tippten sie prüfend und behutsam an, befanden sie für sicher, belasteten sie. Als ich in den letzten Seillängen der Ausstiegsrisse hochjagte, sah mir vom Westgrat, dem Normalweg aus, ungläubig eine Gruppe Schweizer Bergsteiger zu.

Am Gipfel nach weniger als fünf Stunden Kletterei.

Ein paar Minuten, und der Atem hatte sich beruhigt.

Es war fast windstill. Die Sonne trocknete das T-Shirt schnell. Einem Schweizer Bergführer paßt meine leichte Ausrüstung und mein Alleingang nicht. Seine Bemerkungen ignorierte ich.

Hockte am höchsten Punkt auf den Fersen in der beim Beobachten, Schauen gewohnten Position und machte 2.000 Meter tiefer den morgendlichen Ausgangspunkt, die Hotels der „Kleinen Scheidegg", aus.

Dazwischen ruhte, auf weiche, grüne Almmatten vorgeschoben, der riesige ruhige Schatten der Wand. Endlich drohte der Berg mir nicht mehr, er ging mich nichts mehr an. Für eine Weile war ich oben, durfte verweilen und mußte nicht mehr weiter. Es war der vorerst letzte, der größte, der bisher entscheidendste Schritt.

Das wurde mir allerdings erst sehr viel später bewußt.

Heimkehr aus Patagonien

Heimkehr aus Patagonien

In den ersten Nächten lag der Heimgekehrte staunend und still, und er fand wenig Schlaf. Absolute Ruhe, friedliches, gefahrloses Schweigen lag über allen Zimmern. Die alte Stadt und das Meer, die ganze Welt und er selbst waren umfangen davon.

Ohne Unterbrechung horchte er sorgsam in das Dunkel des Hauses hinein. Nichts rührte sich. Kein Balken ächzte. Von den fernen Straßen kam kein Laut. Die mächtige, maßlose Brandung schwieg. Der Wind ruhte. Es gab keine Bewegung, außer die seiner Gedanken und außer dem ewigen Wirken der Vergangenheit, doch das hören Ohren nicht.

Die Zeit stand wahrhaft still. Neben ihm und nicht nur von der Dunkelheit und den glatten, seidigen Decken beschirmt, sondern von seiner Wachsamkeit vor allem geschützt, war Schlaf; waren Wärme und Vertrauen und Geborgenheit – endlich! I h r konnte nichts passieren, solang er aufpaßte, auf der Hut war. Er ahnte das leise Atmen nur, und ihr Schlaf war nur eine Steigerung des zeitlosen Friedens der Nacht.

Dies hier war Heimat, zeitlose Heimat geworden, und er fühlte sich in der alten Wohnung in dem alten Haus sehr wohl. Um einen geliebten Raum, eine geliebte Umgebung Heimat zu nennen, ist es fast egal, wie lang man darin gelebt hat.

Er war zu Haus. Sie hatten die Böden neu verlegt und die Wände frisch gestrichen. Es gab ein neues Badezimmer, eine neue Küche, zwei Toiletten. Ein Speisezimmer war da, ein Kinderzimmer, man konnte nie wissen, vielleicht war es bald an der Zeit; und er hatte ein großes Büro. Nichts hier war ein Geschenk, und er war dankbar, daß sein Einsatz dafür hatte so hoch sein müssen. Er spürte in sich, besonders seit seiner Heimkehr und während er in dem stürmischen patagonischen Land allein geklettert war, eine ganz besonders intensive Sehnsucht nach Heimat. Es ist ein selten genanntes, altmodisch scheinendes Gefühl, doch dafür, daß er es spüren durfte, war er dankbar.

Er hatte so viel dafür getan, Entbehrungen auf sich genommen, Einsamkeit ertragen, sich der Einsamkeit, dem Alleinsein bewußt ausgesetzt. Jetzt bedeutete ihm das Zuhause um so mehr. Er wußte, der Wert von Dingen, die einem in den Schoß fielen, die Geschenke waren, war gering und schnell vergänglich. Er hatte ihm selten getraut.

17

Seltsam, sein ganzes Leben hatte er nie unter Schlaflosigkeit gelitten. Ganz im Gegenteil, acht bis zehn Stunden hatten immer gerade genügt.

Höchstens in einem stickigen Massenlager in einer überfüllten Schutzhütte, viel früher, vor Jahren, mochte es geschehen sein, daß er das eine oder andere Mal keinen Schlaf gefunden hatte. Oder es hatte, selten genug, an einem fremden Bett gelegen oder an einem lauten Hotel. Immer hatte er darunter gelitten, wenn er keine Ruhe fand. Schutzlos, weil tatenlos hatte er sich seinen Gedanken und der Nacht ausgeliefert gefühlt, früher, als er noch jünger, ein Schüler, ein Student gewesen war.

Doch als er jetzt wach lag, war er, der Heimkehrer, fast dankbar dafür. Zum ersten Mal in seinem Leben konnte er diesen Stoiker verstehen, der den Schlaf als seinen ärgsten Feind bezeichnete, da er ihm die Hälfte seines Lebens raubte.

Die Mahnung

Der Berg war bestiegen! *War erklettert worden mit äußerstem Einsatz, mit seiner ganzen Kraft. Für den Augenblick war es sehr beruhigend, das zu wissen. Fürs erste genügte dieser Gipfel, dieser Höhepunkt.*

Aber auf einmal schien ihm: Was ist das schon? Was für eine Aufgabe für einen Mann, die ganze Zeit über Berge zu besteigen? Immerhin erkletterte er sie seit über zwölf Jahren schon. Nicht viel anderes hatte er gelernt, nichts beherrschte er so gut wie die Kletterei – mit seinem feinen Gefühl für das Instrument, das sein trainierter Körper war, mit seinem hochentwickelten Instinkt für das unsichtbare, unerklärliche Wechselspiel seiner eigenen Psyche und den zu besteigenden Wänden und all den Gefahren, die in ihnen lauern mochten.

Jetzt, da er älter wurde, mußte er sich immer wieder die Frage stellen, ob es genügte, ob es wirklich eine Weiterentwicklung bedeutete, einfach immer wieder einen noch schwierigeren Berg zu besteigen.

Auch dachte er oft an den größten, berühmtesten, erfolgreichsten aller Bergsteiger, der ihn seit ein paar Jahren immer wieder auf die erstaunlichste Weise zu verletzen suchte.

In frühen Jahren war dieser Mann mit seinen einzigartigen alpinistischen Leistungen, seinen Büchern – den ersten vor allem – und seinen blendenden Vorträgen Vorbild und Anregung gewesen. Einen Weg hatte der Mann vorgezeichnet, dem zu folgen dem Jungen lohnend schien.

Er ist ihm auch gefolgt, unbeirrbar, aber er durfte heute sagen, e r s e l b s t war in keiner Weise stehengeblieben. Nicht nur seine Einstellung den Bergen gegenüber, die einst das einzige für ihn waren, hatte sich verändert. Auch den Alten, das ehemalige Vorbild, sollte er heute ganz anders sehen.

Da attackierte der Alte den Jungen völlig unvermutet, wegen wirtschaftlicher Interessen vermutlich, ein scheinbar unausgeglichener, mit sich selbst unzufriedener, aggressiver Mann. Ihm, dem Jungen, fiel in seiner Überraschung immer wieder nur die Bezeichnung „Rumpelstilzchen" ein und die Beschreibung aus Kindheitstagen der Szene über die hilflose Wut dieses bösen Zwerges, als er erfahren mußte, daß sein Name bekannt geworden war.

Sein ehemaliges Vorbild hatte drei-, viermal so viele Berge bestiegen wie er selbst. Aber ihm schien, als sei nur die Zahl der Berge und die der Bücher, die der Alte darüber verfaßte oder verfassen ließ, gewachsen, aber in keiner Weise er selbst.

Über vierzig war das Rumpelstilzchen, aber in seinen Büchern, in Vorträgen und Interviews sagte es nicht mehr. Der Junge, der Heimgekehrte, hatte schon seit vielen Jahren nichts wirklich N e u e s mehr von ihm gehört. Wie erschreckend das für ihn war, dessen Beruf ja auch das Bergsteigen ist! Keine Rede mehr von Vorbild, ganz im Gegenteil: eine Mahnung, ein a b s c h r e c k e n d e s Beispiel war der Alte geworden, es war traurig genug, es war schade um den großen Mann.

Der Heimgekehrte hatte auf der Hut zu sein. Diesen Weg durfte er nicht gehen. Es schien, der Weg über die Berge war fast zu einfach, und er sah sich in seiner Erkenntnis bestätigt, daß – bei all der Angst und Unbequemlichkeit, die es dabei auszustehen gilt – es doch nicht viel Einfacheres gibt auf der Welt – als Berge zu erklettern.

Berge und Wände sind so geradlinig: stehen da und sind mehr oder weniger steil und schwierig, hoch oder nieder. Eis, Fels, Granit, Kalk. Sind an einem Tag oder in einer Stunde zu besteigen, von links oder von rechts oder einfach gerade durch.

Um abzustürzen, um Fehler zu machen, auf alle Fälle alle bald zu hoch.

Auch ist die Wahl der Mittel dem Erfahrenen sofort klar. Als Alleingänger war er in den meisten Fällen auf sich selbst gestellt. Das war auch eine Vereinfachung, eine Hilfe, denn so fiel selbst die Imponderabilie des Partners weg. Man war unabgelenkt, unbelastet, sozusagen „frei". Die Möglichkeit, Schuld an einem Fehler abzuschieben, bot sich erst gar nicht an, und Fehler macht man von vornherein nicht. Auch so sparte man Kraft und Zeit.

Keine Kunst, das Bergsteigen, vor allem dann nicht, wenn die Angst mitklettert. Denn sie ist das herrlichste Regulativ und der sicherste Gradmesser für den möglichen Erfolg und für das Wichtigste überhaupt: für das Überleben.

Daß er manchmal handelte, als gäbe es etwas Wichtigeres als sein Leben, war etwas anderes, doch das gehört nicht hierher.

Er lag wach, und in der Dunkelheit, in der Stille zogen vor seinem geistigen Auge die Bilder der letzten Wochen und Erinnerungen aus seinem ganzen Leben taghell vorbei. Irgendwie fand er sich nicht zurecht...

Irgendwie fand er sich nicht zurecht, obwohl es nach wochenlangem Sturm und tagelangem abschließenden Dröhnen der Flugzeugmotoren nicht die plötzliche Stille war, die den Heimgekommenen irritierte. Auch das jähe Nachlassen von Spannung und Unsicherheit, das Fehlen der Gefahr berührte ihn nicht.

Vor kurzem hatte ja sein Weg noch durch brettebene, menschenleere und windige Pampas an endlosen Eisseen vorbei und später über spaltenreiche verschneite Gletscher geführt. In der Nacht schon ging es schließlich ungesichert, wie es seine Art ist, und mit bloßen Händen vereiste senkrechte Wände hinauf.

Sonnenbrand hatte ihm die Lippen zerrissen, vom Frost und vom scharfen vereisten Granit waren die Finger verletzt. Am Gipfeltag quoll nach zehn, fünfzehn Stunden pausenloser Kletterei Blut unter den Nägeln hervor. Doch das machte rückblickend nichts.

Auch nicht seine Angst, die begründet gewesen war. Man hatte ihn ja gewarnt, ihm schauerliche Geschichten von Männern erzählt, die sahen in zwölf Wochen bei dem schlechten Wetter die Berge nicht.

Regen, Nebel, Schnee, rasender Wind.

Auch ihm wäre es fast geschehen. Wirklich hatten ihm anfangs vor seiner endgültigen Tat ausgiebige Schneefälle und Stürme in dem so fernen patagonischen Land mit Chancenlosigkeit und Mißerfolg gedroht.

Der Druck, der auf ihm gelastet hatte, war lang vor seiner Abreise dorthin schon gewaltig gewesen.

Schließlich hatte es sich nicht um irgendeinen neuen Berg gehandelt.

Eine Probe war es, eine neue Prüfung, sich selbst auferlegt; ein Meilenstein, nein, sogar noch viel mehr: Es war ein L e b e n s s t e i n , und er hatte so viel Glück gebraucht.

Was, wenn es ihm nicht hold gewesen wäre? Ihm schauderte vor dem gewaltigen Risiko, das dieses „Glück" in sich barg. Es war so unwägbar; ihm schien, er hatte so gut wie überhaupt keinen Einfluß darauf. Dem Glück war er ausgeliefert gewesen, und selbst jetzt, da alles vorbei zu sein schien, da er zu Hause war, traute er dem Frieden nicht.

War denn wirklich schon alles vorbei? War er tatsächlich nicht mehr draußen?

Rückblickend war die Zeit im Flug vergangen. Rückblickend vergeht alle Zeit im Flug. Nur wenn sie vor uns liegt, erscheint sie unerschöpflich.

Der Zukunft ist nicht zu trauen. Sie lockt, droht, ist böse, täuscht, und nur wenn man gut aufpaßt und nichts übersieht, mahnt sie einen.

21

Vor einem guten Monat waren die vier oder fünf vor ihm liegenden Wochen ein leerer, einsamer Schrecken gewesen; eine Mahnung, eine Grenze, eine entscheidende Schwelle, die nur allein zu überschreiten gewesen war; und überschritten mußte sie werden.

Da hatten ihn manchmal die Gedanken, die Vorstellungen der Zukunft all seine Kraft gekostet. Es war ihm, als wollte sie ihn erdrücken, zum Rückzug zwingen, zum Klein-Beigeben. Grenzen waren ihm angedeutet worden, und es hatte einen Augenblick in seinem Leben gegeben (z u m   e r s t e n   M a l !), da er gespürt hatte, spüren mußte: Das Reservoir seiner Energie w a r erschöpflich.

Einsicht, sei gescheit! hatte es ihm entgegengeschrien. Begnüge dich, gib nach.

Das Ziel war zu vermessen, die Aufgabe übermächtig, er würde ihr vielleicht nicht gewachsen sein – das fürchtete er oft.

Und mußte doch bestehen, sich stellen, hinausgehen, weg. Fort vom Vertrauten, vom Geliebten, Nestwarmen, so lang Ersehnten. Es ist wohl wahr: Der Weg ist das Ziel.

Er war sich vieler Dinge viel zu sicher geworden, und er hatte begonnen, ihnen einen viel zu hohen Stellenwert beizumessen, sie zu sehr zu genießen – und sie auch zu brauchen: Auto, Wohnung, schöne Kleidung, Kreditkarten, freundliche Gesichter auf der Bank. Man wurde erkannt und mit Namen angesprochen.

Und die Journalisten, die Zeitungen, das TV.

Zuerst hatte es Jahre gedauert, sich aus der Masse herauszuarbeiten. Aber der Rest war schließlich kaum mehr als Zeit, aufgewendet, um das Geschaffene mehr oder weniger gut zu pflegen und zu erhalten.

Eine gewisse Maschinerie war in Gang gesetzt worden, und sie lief. Sie hielt ihn ein bißchen in Trab, er trappelte zuletzt auch fast automatisch schon mit, aber er hatte die Dinge bald viel zu gut unter Kontrolle.

Er drohte, satt zu werden.

L a ß   D i c h   n i c h t   t ä u s c h e n .   E s   m u ß   w e i t e r g e h e n .   E s   d a r f k e i n e n   S t i l l s t a n d   g e b e n .   E s   m ü s s e n   i m m e r   n e u e   A u f g a b e n   h e r .   S t e t s   g i b t   e s   e t w a s   z u   v e r b e s s e r n ,   z u   v e r ä n d e r n ,   d a s   g a n z e   L e b e n   l a n g .   D a s   i s t   u n a n g e n e h m ,   a b e r p a c k e   e s   a n .   U n d   f ü r c h t e   D i c h !   H a l t e   D i r   i m m e r   v o r A u g e n ,   d a s   g e h ö r t   d a z u .

Und er hatte sich nicht gedrückt. Dieses Stück Zukunft, das ihn bedroht hatte, ihn erdrücken wollte, war bewältigt. Es war wenigstens im Augenblick Vergangenheit, obwohl doch noch lang nicht vorbei. Denn es gibt keine abgeschlossene Vergangenheit, nichts endgültig Vergangenes. Das Erlebte ist nie v e r l e b t oder tot.

Er war, der er war, nicht nur aus sich selbst. Er war, er i s t die Summe all seiner Erfahrungen, all seiner Eindrücke. Jeder Tag, jede Stunde, jeder noch so unscheinbare Augenblick lebten irgendwo in ihm fort. So hatte es ihn schließlich gepackt, gab es keinen Ausweg mehr. Zeit war genug vergangen. Er war aufgebrochen zu einer Reise, die alles andere als ein gewöhnliches Abenteuer war. Spaß, Vergnügen oder gar Urlaub waren da nicht im Spiel. Eitelkeit und der Wunsch nach Anerkennung zählten kaum. Und sicherlich ging es nicht um Geld. Europa lag hinter ihm, weit entfernt. Dort rechnete man mit einer anderen Zeit.

Da schliefen die Menschen schon, und er kletterte noch lang. Packte Felsen, schlug ins Eis. Sie schliefen und wußten von ihm nichts. Einige ahnten wohl im Traum. Ihre besten Wünsche trug er in sich, trug sie im Herzen mit hinauf. Und Liebe. Ja. Wie gut das war, und vielleicht sogar ginge es anders nicht.

Doch was war das alles gegen die Tat, seine Tat? Sie hatten geschlafen, und sein Herz schlug noch zweihundert. Es raste in ihm, drängte jagend gegen die Rippenwand. Er mußte handeln, sich selbst genug sein. Auf die Gebete und Wünsche der Schlafenden durfte er nicht hoffen. So schlug und griff und packte er zu und war in jedem Augenblick auf der Hut.

Sein Herz raste, und der andere Kontinent war so weit. Europa: Während seiner Tat konnte es nicht viel gelten. War Ausgangspunkt, Ziel und End- punkt seiner Träume und Wünsche, gewiß. Aber der Abgrund war zu tief, die Pampas menschenleer, das Risiko und die Ungewißheit zu groß. Gute Wünsche und Liebe konnten ihm Kraft geben. Verantwortung trug er aber ganz allein, und Entscheidungen mußte er ebenfalls ständig selbst treffen. Er hatte vorher schon ganz genau gewußt, er würde weder Zeit noch Möglich- keit haben, um nach Rat zu fragen.

Aber schließlich war das ja das Entscheidende: daß er abgeschnitten war, allein, aus freiem Willen vorübergehend ausgeschlossen, bis zu einem äußer- sten Maß auf sich selbst reduziert.

Allein, bis er zurückkam, obwohl er nichts so sehr haßte wie Alleinsein und Einsamkeit. Kaum etwas, worunter er mehr litt.

Zogen die Bilder und Erfahrungen an dem schlaflosen Heimgekehrten hell vorbei. Wie klar er in diesen langen Stunden sah!

Die Berge hatten ihn geformt, sein Geist war wach und von der in der Senkrechten besonders deutlich spürbaren allgegenwärtigen Schwerkraft geprägt.

Nie ließ sie nach, immer hatte er gegen sie ankämpfen müssen, aufpassen müssen – stundenlang, tagelang.

Wind und Wetter, Hitze und Kälte, Abgeschiedensein und Gefahr kamen dazu; und dieses eine, in über einem Jahrzehnt immer wieder gespürte, erlebte Gesetz: daß man am Gipfel oder in Gipfelnähe noch lange nicht „oben" war. Wirklich „oben" ist man vielleicht nie. Müde und schwächer werdend nach den Strapazen des Aufstiegs, hatte er oft in seiner Erschöpfung dazu geneigt, in diesen Phasen in einer Art Siegestaumel Gefahr und Risiko zu relativieren. Doch ein solcher Fehler konnte den Tod bedeuten. Wie viele Bergsteiger hatten ihn nicht schon gemacht! Wie viele waren nicht schon beim vergleichsweise leichten, unproblematischen Abstieg auf fast banale Weise ums Leben gekommen! Sie hatten ganz einfach diese unumstößliche Regel außer acht gelassen, waren sich ihrer nicht mehr bewußt.

Dieses Wissen, daß man nie wirklich „oben" ist, machte ihn wohl so unsicher trotz seines Erfolges. Einen höchsten Punkt hatte er in dem fernen Land wohl gerade allein erreicht. Damit war ein gewisser Spielraum, ein Vorsprung geschaffen.

In der kontemplativen Phase, die jedem selbstgesteckten großen Ziel folgen sollte, mußte er den Weg zurück finden. Er war trotz des Erfolges an dem hohen Gipfel so mißtrauisch dem Frieden gegenüber, weil er genau wußte, daß auch er dazu neigte, den langen Weg „hinunter" zu unterschätzen.

Die schlaflosen Nächte jetzt gaben ihm die Chance, genau, jeden einzelnen weiteren Schritt überlegend seinen Vorsprung auszubauen. Das Dumme oder, besser: das Gute daran war nur: Die Nacht brachte auch diese vielen, zwar in ihrer Einzelheit klaren, im Zusammenhang aber verwirrenden Gedanken und viele Zweifel mit sich, und diese erschütterten seine Sicherheit.

Es gibt ja so viele Umstände, auf die man keinen Einfluß hat. Selbst dem Willen, der Berge versetzt, mit dem man die Berge b e s t e i g t , sind Grenzen gesetzt. Er war auch vom Zufall abhängig, vom Glück des guten Wetters vor allem. Eine Gnade schien es ihm oft, eine höhere göttliche Gunst.

Verdiente er sie denn?

Und wie ging es jetzt, nach der relativen „Leichtigkeit" des Berges, an den nächsten Schritt?

Was war seine Bestimmung, seine Pflicht, und wie sollte er sie erfüllen? Wie nahm er sein Glück in die Hand? Wie ging er es am besten an? Wie vermied er Fehler, wie nützte er am besten die Zeit?

Der erste wirkliche Lebensstein, der erste bewußt erkannte und als solcher erlebte lag vorerst hinter ihm. Müßte er jetzt nicht Ruhe geben, vollends zufrieden sein? Nein, er konnte es nicht wirklich.

Er war bald vierundzwanzig. Fast ein Vierteljahrhundert war schon vergangen, und einer, der so viel wollte wie er, mußte sich ständig überprüfen, ständig fragen: Was war geschehen? Ist es genug? zu wenig? War es gut?

Alles Geleistete war übrigens immer zu wenig, hätte stets noch besser gemacht werden können. Keiner wußte das so gut wie er selbst.

Er hatte sich seinen Traum erfüllt und sich einer großen Aufgabe gestellt. Gut, bravo, es wieder einmal bewiesen: Er war ein Mann.

Mußte er da nicht wunschlos sein?

Sie fragte ihn oft, warum er noch immer oder: schon wieder m e h r wollte? Doch das war es nicht. Er hatte diesen Frieden gewollt, so, wie er ihn seit seiner Heimkehr in dieser alten Wohnung in der alten Stadt auf so wunderbare Weise mit ihr erlebte. Nach nichts als nach ihrer Liebe, nach ihrer Gegenwart, nach Gewißheit und Sicherheit hatte er sich ja gesehnt.

Er hatte nur – bedingt durch diesen ihm eingefleischten Instinkt, daß man, wenn man in Gipfelnähe kam, besonders gefährdet war, daß man da besonders achtsam sein mußte, um wirklich ganz hinauf zu kommen – Angst vor der neuerlichen Anstrengung, die das Erhalten dieses herrlichen Zustandes, von dem er nie genug bekam, kosten würde.

Keiner konnte ihm helfen, niemand ihm eine wirklich befriedigende Antwort geben – er mochte sie alle reden lassen, Ältere ihre Meinungen und Erfahrungen sagen lassen, so viel er wollte, es half nichts. Das italienische Sprichwort: „Non date mi consigli, so sbagliare da solo – Gebt mir keine Ratschläge, meine Fehler mache ich selbst" – war nie sein Motto gewesen. Aber es zeichnete sich immer deutlicher ab, Entscheidungen treffen mußte er wieder selbst.

Nie sehnte er sich danach zurück, aber wie einfach war nicht alles in der Jugend gewesen:

Da hatte es immer genügend kurzfristige Ziele gegeben. Es kam mehr auf die Quantität als auf die Qualität an. Es war ein neues unbekanntes Buch zu *lesen gewesen, eine der vielen ihm noch unbekannten, noch schwierigeren Wände zu besteigen.*

Mit nicht ganz zwölf Jahren waren die Berge in sein Leben gekommen. Von da ab hielt ihn die ungeheure Spannung wach: Würde das Wetter am Wochenende gut sein, er selbst für die Wand, die es zu bestehen galt, stark genug?

Nicht immer fand sich ein geeigneter Kamerad. Oft war das größte Problem überhaupt: Wie kam er zu den Bergen hin. In gewissen Jahren waren es über hundert Gipfel gewesen. Zu Silvester, am Neujahrstag hatte er oft gleichsam aufatmend festgestellt: wieder ein Jahr! Wieder war nichts passiert, war er am Leben, gesund und heil und hatte die großen Prüfungen, nichts anderes waren und sind die Berge, bestanden.

Lange Zeit war das wichtigste der Schulabschluß, das Bestehen der nächsten Klasse gewesen.

Immer war man froh, eine weitere Runde heil überstanden zu haben. Atmete man auf, wenn wieder ein Jahr vorbei war. (Was für eine Verschwendung!)

Viele Ziele waren ihm von außen vorgegeben gewesen. Dann, nach der Matura, weitere acht Monate beim Bundesheer. Lehrjahre wären es, hatte die Mutter immer wieder gesagt, und es war so schwer zu verstehen gewesen. Befriedigende Aufgaben waren es nicht. Immerhin, ihm vergingen die Jahre durch das Klettern doch recht schnell. An die Zukunft, das neue, das kommende Jahr und was es bringen würde, bringen sollte, dachte er als Junger nicht viel. Es würde sich ergeben, das sagte ihm die Erfahrung, und so ließ er sich treiben.

Doch die Jugend war jetzt vorbei. Ein Vierteljahrhundert schon! Vergangen.

Er durfte nichts mehr vergeuden, sich nicht einfach treiben lassen. Er mußte beginnen, sparsam und rationell zu sein. Es ging jetzt nicht mehr darum, einfach irgend etwas, das sich ergeben würde, zu tun. Jetzt ging es um das Wie. Es ging um die Qualität des nächsten Schrittes.

Don
Quixote

Don Quixote

Männer, die Extremsport betreiben, werden oft mit Don Quixote verglichen. Ich selbst dachte meist, ich hätte mit dem Junker von der Mancha nichts gemein. Er ist für einen, der klare, unverrückbare Berge besteigt, schwer zu begreifen. Fast belächelte ich ihn. Er hat Windmühlen bekämpft, Trugbilder. Er hat nicht seine geschundenen Finger in die Ritzen und Löcher und rauhen, eisenharten Risse im Felsen verkrallt, in die Wirklichkeit, und er hat nicht jahrelang immer wieder die Krämpfe der Fingermuskeln bekämpft. Er hat Schläge eingesteckt, aber so real wie meine Berge sind diese Schläge nicht. Zu jeder Jahreszeit, im Frühling, Sommer, Herbst, im Winter war ich in den Wänden, die haben Bestand.

Das heißt, das, was ich erlebte, wenn auch fast ein Jahrzehnt lang so gut wie unbeobachtet, bleibt immer lebendig und gegenwärtig. Damals, als ich Schüler war, wußten nur einige Eingeweihte davon. Die zu Hause ahnten kaum etwas. Keiner hatte vom Berg eine konkrete Vorstellung. Ich war der einzige in der ganzen Familie, und sie ließen es unwissend geschehen.

Frühe Erfahrungen

Schon mit zwölf, dreizehn zog ich jeden Sonntag los. Bei Regen, bei Nebel, das war mir ganz egal. Das Wetter beeinflußte nur die Schwierigkeit der Touren. Irgendein Verwandter fand sich immer, der die nötige Ausrüstung finanzierte oder zur Verfügung stellte.

Bei St. Johann in Salzburg, meinem Heimatort, gibt es das Heukareck. Das war mein erster Berg. Ich bestieg ihn im Laufe der Jahre, später schon zum Training, viele Dutzende Male. Gletscher oder schwierige Wände hat er nicht zu bieten. Der Fels ist splittrig und eignet sich für extreme Unternehmungen nicht. Dafür gibt es Latschen und Gemsen und verwirrende Kare, weglos, steil; schroffige Hänge auch, felsige Abstürze, tief, viel zu tief und begehbar nur für die Gemsen. Wenn das Wetter schlecht ist, plötzlich Nebel einfällt, verirrt man sich dort oben leicht. Es gibt eine halbwegs intakte, doch verlassene Almhütte, die Thennalm. Ein langer, stetig ansteigender steiler Pfad windet sich vom Wald hinauf, an der Ruine der „Unteren Thennalm" vorbei. Die wurde vor Jahrzehnten von Lawinen zerstört; ein ungeheures weißes Inferno ging dort ab. Meine Mutter erzählt, das Donnern habe man damals sechs, sieben Kilometer weit gehört.

An Schlechtwettersonntagen, wenn an richtige Wände nicht zu denken war, war dort meine Heimat. Dort habe ich so viel erfahren, gelernt! Nein, das war überhaupt nicht spektakulär. Da zog in aller Frühe, im Regen, ein Gymnasiast auf dem Fahrrad aus; den Rucksack am Rücken, die Kniebundhose zu kurz und zerrissen obendrein. Aufregend, spannend war das nur für mich. Mit den Erlebnissen, der Angst, die mich da oben, hatte ich mich erst verirrt, überfiel, konnte ich am nächsten Tag, müde und zerschunden, mein Tourenbuch füllen. Dieser Berg ist unerschöpflich gewesen. Immer wieder habe ich Neues, Unerwartetes erlebt.

Nach zwei, drei Stunden Marsch war man unendlich hoch über dem Tal, die Tiefe konnte ich im Nebel meist nicht sehen. Aber das Wissen genügte vollauf. Bei der oberen Thennalm wechselte ich, das war Brauch, das klatschnasse Hemd. Hier oben liegt im frühen Herbst bei Wetterstürzen schon ein erster, patziger Schnee. Die Luft ist von Wolken und Nebel und Nieselregen dumpf und schwer. Es ist mucksmäuschenstill, das wenige Vieh ist längst abgetrieben oder, je nach Jahreszeit, noch nicht oben. Die Gemsen äsen bei der Hütte nicht. Sie stehen in Rudeln in den Hängen, die zum Gipfel leiten. Der Bub, der ich war, lauschte stundenlang. Das Horchen in die Nebel lehrte mich viel, wenn ich auch damals keineswegs in der Lage gewesen wäre, mein neues Wissen zu beschreiben. Noch blieben meine Erfahrungen unbewußt. Bei dieser Rast kaute ich ein Stück Käse, einen Zipfel Wurst und schob mir abschließend Schokolade in den Mund. Selbst heißen Tee in einer Thermosflasche hatte ich mit. Das geschah nicht aus Hunger. Es war vielmehr ein Ritual. Es gehörte gewissermaßen dazu. In allen Alpinheften und Lehrbüchern wird einem eingeschärft, daß man regelmäßig für Nahrungszufuhr sorgen soll, sonst verliert man, ohne es zu spüren, an Kraft. Freilich hatte ich damals noch keine ausreichende Erfahrung und wußte nicht, was für mich selbst am besten sei. Ich tat, was erfahrene Leute mir rieten oder was ich eben in diesen Büchern las. Die Mahlzeit beruhigte mich auch. Ich war für eine Weile beschäftigt und mußte rasten. Sonst wäre ich wohl ohne Pause weitergegangen. Die dumpfe Stille bedrückte ein bißchen. Der Nebel täuschte. Er machte mir glauben, ich wäre gar nicht so hoch oben und so weit weg. Gleich um die Ecke konnte man ein bewohntes Haus mit Menschen, mit Wärme, mit Sicherheit vermuten. Ständig befand ich mich im Zwiespalt, mußte mir bewußt machen, daß es keine Sicherheit gab und daß der Nebel Trug war, falsche Verlockung, Gefahr. Ich sah oft keine fünfzig Meter weit, ließ mich aber nicht täuschen; ich wußte, ich hatte noch einen weiten Weg. Zum ersten Gipfel war es zwar nur noch eine halbe Stunde – vielleicht an diesem Tag, bei dem schweren Schnee, ein bißchen mehr. Mittlerweile kannte ich den Weg; bis zum Kreuz war der nicht zu verfehlen.

Ich rastete nie lang. Die vorerst letzte Etappe bis zum höchsten Punkt legte ich stetig stapfend in einem Zug zurück. Oben gab es das Buch in einer eisernen Schatulle, darin trugen sich alle Bergsteiger ein. Oft war seit Tagen – in bestimmten Jahreszeiten seit Monaten – niemand mehr dagewesen. Viele Jahre lang war ich überhaupt nach Silvester immer der erste. Zweifellos war keiner im ganzen Tal so viel am Berg wie ich. Der Gipfel hier war nur eine kurze Zwischenstation, keine echte Pause. Nach einem kurzen Abstieg ging es gleich wieder einen Grat hinauf. Weg fand ich hier keinen mehr. Alle Andeutungen eines Pfades waren von gut zwanzig Zentimetern Neuschnee verwischt. Es war anstrengend, stundenlang bis über die Knöchel, stellenweise fast bis zum Schienbein, einzusinken. Doch eigentlich machte die Mühsal Spaß, es konnte gar nicht zuviel werden. Nur die billigen Schuhe wurden bald naß. Die Gamaschen – geborgt – dichteten schlecht.

31

Höher oben wurde der Grat schmal, verlor sich an einem höchsten Punkt und brach ab in eine unabsehbare Wand. Schnee lag überall. Dicke Wolken versperrten die Sicht. Dieses Gelände kannte ich nicht. Wie weiter? Ich mußte schon eine beträchtliche Höhe erreicht haben. So viel sagte mir mein – wenn auch vom Nebel ständig getäuschter – Verstand. Ich fürchtete mich aber nicht. Umkehren kann ich immer noch, dachte ich. Ich zog die Steigeisen an. Das waren alte, eiserne Undinger, die mit langen, damals noch ledernen Riemen festgezogen wurden. Freilich paßten sie nur sehr schlecht, die Schuhe waren ungeeignet. Doch in dem steilen, verschneiten Gelände halfen sie sehr.

Ich tastete mich die der Wand entgegengesetzte Flanke hinunter. Auch dies war keine extreme Route; aber ich war jung, und der Weg war steil. Die Tiefe. Das vertraute Salzachtal, das sonst die Orientierung ermöglichte, hatte der Nebel verschluckt.

Ich wußte nur, daß es da einen noch höheren Gipfel gab, die „Höllwand" erreichbar über den Verbindungsgrat. Dieser Gipfel war mein unsicheres Ziel. Ich kam sehr langsam voran. Auf jedem Graspolster, jedem Absatz lag Schnee, und es schneite immer weiter. Vom Marschieren im tiefen Gelände begannen meine Waden zu zittern.

Einmal sprangen schnelle, lautlose Schatten vorbei: Gemsen wohl. Ich dachte jetzt nicht mehr so schnell, registrierte Unvermutetes zwar, ohne es aber sofort zu erkennen. Ich war zu sehr mit dem Steigen beschäftigt, die bloßen Hände ständig im vereisten Gras, im Schnee, die Füße stoßend und scharrend nach Halt. Langsam wurde mir unheimlich. Ich sah ein, daß ich nicht mehr zurück konnte. Meine Spuren liefen bergauf, bergab, querten den Hang, verloren sich. Irgendwann schien es mir dunkler zu werden. Ich hatte keine Uhr, und der Begriff für die Stunden war mir längst abhanden gekommen. Einmal, als ich auf einer Kante lag und Ausschau hielt, riß der Wind ein Loch ins Grau. Da sah ich tief unten ein weißes Kar, und ich dachte, es müßte jenes sein, das von der oberen Thennalm zum Gipfel führt. Freilich war meine Spur von dieser Höhe nicht auszumachen.

Wie ging es weiter? Den Fährten der Gemsen nach? Doch die Tiere waren den Nebel, die Kälte, die Nächte hier oben gewohnt. Wie sollte ich klettern, wo die Gemsen kletterten?

Da verließ mich die Kraft. Ich konnte nicht mehr, wollte nicht mehr klettern. Ich sah keinen Sinn mehr darin. Mein Schieben, mein Scharren brachte mich nicht weiter. Seit Stunden war kein echter Weg mehr unter meinen

Füßen. Ich war todmüde. Morgen war Schule. Die Aufgabe war nicht gemacht. Ich fürchtete die Nacht.

So rutschte ich plötzlich ab und fand das ganz in Ordnung. Ich rutschte ins Nichts, es tat nicht weh. Aber ich fiel nicht tief; blieb bald liegen. Die Hose war zerrissen, das eine Steigeisen hing nur noch am Riemen um das Fußgelenk, das andere war völlig verbogen. Später entdeckte ich Blut, eine schmerzlose Wunde am Handgelenk. Der Rucksack lag in zehn Meter Entfernung. Was jetzt tun? Auf jeden Fall durfte ich nicht liegenbleiben, obwohl das sehr angenehm war, eingebettet in den weichen Schnee. Was denkt ein Bub in diesem Alter, in dieser Lage? – „In diesem Gelände werde ich nicht alt. Es muß einen Weg geben." Es fand sich auch eine Möglichkeit, abzusteigen. Aber wieder war dieser eine besondere Gipfel nicht bezwungen!

Ich gelangte über steile, anfangs noch verschneite Hänge in ein Tal, in ein Kar. Da gab es auch einen ausgetretenen Pfad, der hinunter führte. Zwar kannte ich dieses Tal nicht, aber ich hatte keine Wahl. Es wurde tatsächlich bald Abend. Um sechs Uhr war ich aufgebrochen. Das kostbare Fahrrad lag an einer ganz anderen Stelle. Was würden meine Eltern sagen! Eine Ewigkeit schien vergangen, als ich klatschnaß und hungrig eine Ortschaft erreichte. Es war Großarl, fast fünfzehn Kilometer von St. Johann entfernt.

So sammelte ich meine Erfahrungen Jahr für Jahr. Jedes Erlebnis lehrte mich Unbekanntes, Neues. Ich sog alles in mich auf, unermüdlich, bekam nie genug. Die Tagebücher, mein großer Stolz, füllten sich schnell. Es waren kleine dicke karierte Hefte, die die Mutter von Reisen aus Italien mitbrachte, eines jedes Jahr. Auf den Umschlägen waren Fotos gedruckt – Sonnenuntergänge, Blumenwiesen, verträumte Mädchen. Immer wünschte ich mir schöne, beruhigende Motive, die in eigenartigem Widerspruch zu den Erlebnissen standen, die jahrelang darin festgehalten wurden.

Seit ich sie als Bub vollgeschrieben habe, habe ich diese Hefte nie angerührt, die Berichte nicht gelesen. Ich glaube mich zu erinnern, daß da nur Tatsachen eingetragen sind, keine Gedanken, keine Gefühle. Das Tourenbuch mußte ja immer sofort geschrieben werden, es hatte stets à jour zu sein. Meistens nahm ich es am nächsten Tag in die Schule mit und trug das genaue Datum, den Anstieg, Name und Gipfelhöhe, Anstiegsdauer, Wetter, besondere Beobachtungen ein. Darüber hinaus, glaube ich, nicht viel.

Der Bruder

Es wäre kein Problem, sich Gewißheit zu verschaffen. Die Hefte stehen in einem Regal in dem alten Zimmer mit den Balken im alten Elternhaus in St. Johann. Doch die alten, die frühen Tage sollen ruhen. Das Erlebte steht da unentrinnbar festgehalten, vielleicht interessiert es meine Söhne einmal oder mich selbst als alten Mann. Noch habe ich kein Verlangen danach.

Wie selten komme ich nach St. Johann! Jetzt lebt nur noch mein Bruder dort, mit den Eltern ganz allein. Der Bruder wird bald acht. Ich war sechzehn, als er auf die Welt gekommen ist, die Mutter neununddreißig. Wie wir vier alle, war auch Alwin gute zehn Tage über seiner Zeit. So ist auch er ein Stier geworden, wie ich.

An dem Tag, als er auf die Welt gekommen ist, habe ich die Schule geschwänzt und bin nach Salzburg gefahren, am Vormittag schon. Der Vater, der auch in der Stadt war, wußte nicht, daß ich gekommen war. Die Geburt war gegen den Willen der Mutter eingeleitet worden.

So ist Alwin fast gestorben. Alles ging viel zu schnell, die Nabelschnur hatte sich um seinen Hals gewickelt, die Lunge sich mit Fruchtwasser gefüllt. Er mußte in die Intensivstation, in den Brutkasten. Er blieb in Salzburg, erst nach einem Monat brachten ihn die Eltern heim.

Vielleicht sollte ich nicht so viel über das schreiben, was doch schon so lange zurückliegt. Aber wie kann man die Gegenwart beschreiben, die Zukunft ins Auge fassen, wenn man wichtige Teile der Vergangenheit nicht kennt? Um meinen Bruder komme ich nicht herum. Es ist wichtig, daß es ihn gibt. Vor allem wenn er viel älter ist, spürt ein Bruder wie ich Verantwortung und Pflicht. Seit es Alwin gibt, fühle ich mich oft zwischen väterlichen und brüderlichen Gefühlen hin- und hergerissen.

Obwohl mir heute fast keine Zeit für Alwin bleibt. Eines Tages werde ich das wohl verantworten müssen. Er wird mich zur Rede stellen. Wird er mich dann verstehen? Wird er zuhören wollen, das überhaupt können? Lehrt man es ihn?

Einem großen Bruder bleibt nur, seinen eigenen Weg so gut wie möglich zu gehen. Beispiel zu sein für den Kleinen, Vorbild. Als Vater freilich müßte man es besser machen: Seltsam, seit ich aus Patagonien zurück bin, denke ich oft, was für ein Vater ich wohl wäre, was für einer ich sein müßte. Ich müßte mich anders entscheiden. Jedenfalls hat ein Vater *da* zu sein und nicht immer irgendwo anders. Wirklich anwesend, nicht nur in Bildern und im TV. Bilder kann man nicht berühren und nicht lieben. Sie lesen einem abends nicht aus Abenteuergeschichten vor, und sie begleiten einen nicht mit Nils Holgersson auf wundersame Reisen. Der Ruhm eines Vaters, Geld auf der Bank, ein toller Wagen, Häuser, Wohnungen, Aktien sind unnötig auf Streifzügen durch den Wald. Sie geben keine Hilfe beim Erklettern eines Baumes, beim Bauen einer Hütte.

Für ein Kind zählt nur die Gegenwart. Wenn mein Bruder morgen sein Schulschirennen hat, wäre es notwendig, daß ich *heute* mit ihm die Strecke abfahre. Abends müßten die Schier für den morgigen Schnee gewachst und draußen im Garten eingegraben werden, um die richtige Temperatur zu haben. Und zaubern müßte ich mit Sportlermüsli und Oberschenkelmassage und gemeinsam mit ihm früh, wie echte Rennläufer, zu Bett gehen.

Einmal, in Alwins erstem Lebensjahr, war die Mutter krank. Ein zu früher Wintereinbruch hatte ihr den Rücken mit den zwei gebrochenen Wirbeln verkühlt, und der eingeklemmte Ischiasnerv entzündete sich. – Ein altes Leiden, das sie alle paar Jahre seit dem zweiten Kind befällt. Sie konnte zwei Monate lang das Bett nicht verlassen. Meine beiden Schwestern hielt man noch für zu klein, mein Vater kam für solche Aufgaben nicht in Frage, und die Reihe war plötzlich, zum ersten Mal, an mir. Mein Bruder zählte in diesem Herbst knapp sechs Monate. Jeden Morgen wurde er pünktlich um fünf wach. Er hatte Hunger, die Windeln waren voll, und er schrie wie am Spieß. Mit Sturheit war dem nicht beizukommen. Mit seinem Gebrüll hatte er ganz einfach im buchstäblichsten Sinn des Wortes den längeren Atem. Es war unglaublich, aber er schrie, wenn es sein mußte, eine geschlagene Stunde lang. Und er schrie laut, er hat die gleichen kräftigen Lungen wie ich. Da konnte man nicht liegenbleiben und weiterschlafen und ihn ignorieren. Einer mußte aufstehen und sich um ihn kümmern, und damals, als die Mutter krank war, war das ich.

So hatten wir Brüder unsere schönste Zeit zusammen. Mein Zimmer lag im Dachboden im zweiten Stock. Ich war der einzige, der ihn nicht hören konnte, denn die anderen schliefen im ersten Stock. Damit der Vater und vor allem die kranke Mutter nicht jedes Mal aufwachten, hatte ich oben bei mir den Wecker gestellt. Der riß mich rechtzeitig aus dem Bett. Noch halb im Traum, im Finstern auf das Geländer gestützt, taumelte ich die knarrenden Stiegen möglichst leise hinunter.

Oft, wenn ich zu spät kam und er schon schrie, versuchte ich, mich unhörbar auf meinen nackten Sohlen und ohne das Licht anzumachen an ihn heranzuschieben. Doch er hatte einen sechsten Sinn. Er spürte mich quer durch den stockfinsteren Raum. Wie abgeschnitten hörte sein Gebrüll auf. Er lauschte. Er spähte durchs Dunkel. Und er ertappte mich jedes Mal, ich weiß nicht, wie. Er war mir in diesem Spiel glatt überlegen, ich habe es immer verloren. Er war dabei nie sehr geduldig, oder er hatte vielleicht ganz einfach kein Verständnis für die täppische Art, in der ich mich an ihn heranzuschieben versuchte; denn er legte nach kurzer Lauschpause mit voller Lautstärke wieder los, und ich mußte das Licht anmachen.

Dann war er sofort wieder still. Er lag ruhig auf dem Rücken, in seinen Schlafsack verstrickt.

Unnötig zu erwähnen, daß er das schönste, liebste, gescheiteste Baby war. Kein richtiger Vater hätte stolzer auf ihn sein können als ich. Ich glaube, er spürte das ganz genau, und er wußte auch, daß er mit seinem Gebrüll bei mir alles erreichen konnte. Wenn er schrie, brach mir jedes Mal fast das Herz. Es war unmöglich, tatenlos daneben zu stehen. Es würgte mich immer sofort, wenn ich ihn irgendwo krähen hörte. Er war so winzig, so hilflos. Ich war sein Bruder, sein großer Bruder, und er schien immer nur nach mir zu schreien.

Dann mußte ich ihn nehmen, im Arm halten, ihn wiegen, füttern, ihm zureden. Ja, ich habe ihm sogar vorgesungen, das habe ich wirklich versucht.

Am meisten liebte ich an den Morgen den Augenblick, da ich den Vorhang zu seinem Zimmer noch nicht weggeschoben hatte. Er wußte aber schon, daß ich gekommen war. Dann war es – im völligen Dunkeln noch um diese frühe Zeit – nach seinem Gebrüll ganz still, und in und um seinen Raum lag eine fast heilige Aura von Babyduft. Eine Mischung aus Unschuld und seinem jungen, hilflosen Leben, aus Penatencreme, Borotalco-Puder und Muttermilch.

Wenige Stunden, nachdem ich ihn versorgt hatte, packten meine Hände oft stundenlang in rauhen Fels. Da ging es oft alles andere als vorsichtig und sanft zu. Doch wenn ich ihn aus seinem Schlafsack schälte, ihn heraushob, sachte, sachte, dann waren meine Hände die behutsamsten von der Welt. Selbst die Mutter war beruhigt. Daß sie nicht aufwachte, war der schönste Vertrauensbeweis.

Die Räume waren in der Nacht ungeheizt, es war kühl, und ich wickelte ihn immer gleich in eine leichte Decke. Das Haus war dunkel, erst unten machten wir Licht. Die andern durften nicht geweckt werden, das wußte er so gut wie ich. Das warme, winzige, jetzt mucksmäuschenstille Leben an die Brust gedrückt, sicher mit den Kletterarmen umfangen, ging es verschwörerisch leise ohne Licht die Stiegen hinunter in die Küche.

Den Oberkörper zurückgelehnt, hielt ich ihn beim Kochen mit einem Arm. Mit der freien Hand machte ich mich am Herd zu schaffen. Das war nicht sonderlich schwer, das war bald gelernt. Es war nur Wasser aufzustellen, heiß zu machen, ein paar Löffel des Pulvers hinein, umrühren. Schließlich die Temperatur geprüft, den Brei mit einem Trichter in die Flasche gefüllt, den Schnuller mit dem kleinen, kreuzförmigen Loch aufgeschraubt, und schon konnte er gefüttert werden. Ach ja, und eine Messerspitze Medizin durfte ich nicht vergessen. Die brauchte er wegen der schweren Geburt.

Während der ganzen routinierten Prozedur schaute er mich mit diesen tiefen, blitzenden blauen Augen an. Ich dachte immer, wenn er so verdächtig still war und sich kaum regte an meiner Brust, er müsse sehr gescheit sein. Mir schien, es lag so viel Wissen und Ahnung und Verstehen in seinem Blick. Er hatte ja auch schon einen ersten großen Kampf auszufechten gehabt. Alwin lag den ersten Monat lang in einem gläsernen Brutkasten in einem sterilen Raum. Nur Ärzte und Schwestern durften dort hinein. Auf dem Glas und an seinem Handgelenk hatte man einen Zettel mit seinem Namen befestigt, denn er war nicht allein. In meiner Erinnerung lagen wenigstens zehn andere winzige Körper in denselben Truhen.

Dieses Zimmer mit den Brutkästen habe ich oft von einem speziell für elterliche oder brüderliche Besucher eingerichteten Balkon aus gesehen. Denn mehrmals in der Woche hatte ich damals eine spezielle Aufgabe: St. Johann liegt sechzig Kilometer von Salzburg, wo sich die Klinik befindet, entfernt. Die Mutter saugte daheim die Milch ab. Das wäre die beste Medizin, die es gab, meinte der Arzt. Und ich, der ich die meiste Zeit hatte, fuhr nach der Schule mit dem Zug, die kostbare Flasche nach Salzburg zu bringen. Der Portier und die Schwestern im Spital kannten mich bald. Ich war der Milchkurier. Lieferte die Flasche ab und durfte auf den Balkon, den Bruder zu sehen. Er war eigentlich unter all den Leidensgenossen nicht zu erkennen. Erst nach einer Weile wußte ich, wo sein Platz war. Da stand ich am Fenster und gaffte und gaffte. Da lag er und zappelte manchmal ein bißchen. Mein Bruder! Endlich hatte auch ich einen. Sechzehn Jahre nur die beiden Schwestern, fast drei und fünf Jahre jünger. Edda und Almut. Nie, bis heute nicht, habe ich mir für sie genug Zeit genommen. Zuerst waren sie zu klein. Und dann kam das Lesen, das Klettern, das Training, die Freundin, die Schule. Die zwei lebten neben mir her. Sicherlich hätten sie mich gewollt und gebraucht. Aber ich war der Alleingänger, lebte in meiner eigenen Welt. Zu der gehörte vor allem noch mein Großvater (O-Vati genannt). Oben beim Schihang, in der riesigen Wohnung, neben dem alten, später leider abgebrannten Hotel, das ihm gehörte, war mein zweites Zuhaus. Das war eine Männerwelt mit endlosen Bücherborden, einer Kraftkammer, mit Degen und alten Pistolen und Gewehren an der Wand. Mit einer kleinen Sauna, aufregenden Portraits, Urkunden, Tapferkeitsmedaillen. Er konnte stundenlang erzählen, und die ganze Zeit hielt ich die Ohren gespitzt und saß und lauschte, und der Großvater freute sich. War stolz auf seinen Enkel, den verwegenen Kletterer. Der hatte eine Freundin in so jungen Jahren schon, war schlecht in der Schule, stets braun gebrannt und schwänzte oft. Fuhr Schi wie der Teufel und hatte noch dazu geistige Interessen wie er: die deutsche Sprache, die Literatur, Geschichte und vor allem: Er horchte ihm zu!

Da war kein Platz und keine Zeit für Schwestern. Sie sind auch zu verschieden von unserer Art. Sie haben die blauen strahlenden klaren Augen des Vaters und ein bißchen seine eigene, selbst für sehr Nahestehende oft unbegreifliche Art. Nie weiß man, was sie denken, was sie wollen. Wie meinen Eltern und Alwin fehlt auch ihnen der Ehrgeiz, der mir eigen ist. Vielleicht liegt das daran, daß sie nicht wie ich die Berge hatten. Sie kennen nicht den Ansporn eines lohnenden Ziels. Sie haben keine Aufgabe, die sie antreibt. Wenn ich hin und wieder kurz auftauche, sehe ich es an ihren Augen: Sie sind ein bißchen fassungslos, staunen, bewundern mich wohl auch, aber sie begreifen wohl nicht viel. Zugegeben, der äußere Schein blendet. Von der Gletschersonne, der Meeressonne, der Côte d'Azur gebräunt, durchtrainiert, energiegeladen, breche ich bei ihnen ein. Ich komme aus einer anderen Welt, die sie nicht kennen. In der meinen zählen nur die Natur, mein Körper, meine Kraft; das Buch, das ich gerade lese, die Zeilen, die ich gerade schreibe. Ein Viertel des Jahres schlafe ich unter freiem Himmel. Da rauschen die Olivenbäume unter einem südlichen Wind, brandet das Meer oder tost ein wilder Gletschersturm. Von dort komme ich her, wenn ich in den Städten, bei meinen Geschäften oder bei meinen Eltern einbreche. Fast alle Menschen, die ich treffe, die ihr Leben hinter Schreibtischen verbringen, glauben, ich hätte einfach unverschämtes Glück gehabt. Nur die wenigsten wissen, daß das kein Geschenk war. Das sind die, die wie ich ihr Geschick in die Hand genommen haben.

Einzig die Mutter, die ein Drittel ihres Lebens und ihre ganze Kraft für uns gegeben hat, scheint etwas von meiner Welt zu ahnen. Ihr Haus steht jetzt fast leer. Wir sind weg, meine Schwestern und ich.

Die Kleinere kommt wenigstens an manchen Wochenenden nach Hause. Die Ältere ist mit einem Australier verheiratet, lebt in Sydney und schreibt selten. Ich selbst rufe gelegentlich von irgendwo an, schreibe auch selten. Öfter lesen sie über mich in der Zeitung. Ich werde immer dankbar sein, ich weiß unsere herrliche Jugend zu schätzen.

Aber ich war bei Alwin, bei dem Milchkurier auf dem Balkon. Da lag also mein Bruder, winzig, einer in einem Dutzend. Manchmal nahm ihn eine Schwester heraus, trug ihn zum Balkonfenster hin. Wieder sah ich nur rot und rund ein winziges runzeliges Gesicht. Zurückgelegt, fing er jedes Mal zu schreien an. Erst zaghaft, unentschlossen, es war so anstrengend in dem Zustand, dann schien die Verzweiflung in ihm hochzusteigen. Die Arme angezogen, die Hände zu Fäusten geballt, reckte er seinen ganzen Körper und schrie und schrie.

Dann begann es mich meinerseits zu würgen, genauso unentschlossen, aber unaufhaltsam. Es schnürte mir die Kehle langsam zu, stieg von irgendwo, aus dem Herzen wohl, herauf, und es begann in den Augen zu brennen.

In keiner anderen Situation habe ich je derartiges erlebt – außer vielleicht im vergangenen Herbst. Aber das ist eine ganz andere Geschichte. Es half nur Flucht. Ich rannte davon. Stürzte an den erstaunten Schwestern vorbei, schnell, bevor es doch noch zu rinnen begann. Hinaus auf die Straße. Bis in die Träume hat mich dieses Gebrüll verfolgt, dieser gesichtslose Kopf, ausgefüllt nur von dem schwarzen Loch, das die Verzweiflung riß.

Deshalb war ich glücklich, daß mir die Krankheit meiner Mutter eine Chance gab, mein Gewissen zu beruhigen. Während unseres frühmorgendlichen Kochens schaute Alwin genau zu. Diese tiefblauen Augen – die unseres Vaters sind es – kontrollierten selbstbewußt und genau jede meiner Bewegungen. Dabei sog er gelassen und gleichmäßig an seinem Schnuller. Und ich redete und redete und erzählte und erklärte. Er verlangte, meine Stimme zu hören. Ich habe keine Ahnung, ob er schon begriff, was ich ihm sagte. Aber daß ich stumm war, litt er nicht, und ich hatte den Eindruck, er hörte ganz genau zu. Nie hätte ich gewagt, ihn zu belügen. Ich glaubte zu spüren, daß er Vertrauen hatte. Wenn er so wohlig an meine Brust gedrückt lag, kam er mir wie ein Pascha vor. Seine Rolle schien ihm deutlich bewußt. Trug man ihn doch, fütterte man, bekochte, putzte, liebte man ihn doch. Gegen ihn gab es keinen Widerspruch, von ihm wurde nichts verlangt – noch nicht –, außer daß er da war. Freilich war ich nicht der einzige, der ihm jeden Wunsch von den Augen las. Ich hielt ihn damals für ganz schön raffiniert, denn er überschaute die Situation klar. Manchmal wurde er unwirsch, fing ganz plötzlich fürchterlich zu brüllen an.

Erst wenn er seine Flasche bekam, beruhigte er sich. Er seufzte, schluchzte luftholend noch ein-, zweimal auf und trank in einem Zug. Nur wenn der Gummischnuller vom Saugen sich zusammenklebte, hielt er inne und wartete, bis ich die Sache mit den Fingern in Ordnung gebracht hatte.

Endlich mußte er noch aufstoßen, sein „Bäuerle" machen, wie wir in der Fachsprache sagen.

Eine wunderbare Gelegenheit hatte er da noch, mich hinzuhalten. Das nützte er aus! Es konnte oft eine halbe Stunde lang dauern, bis dieses Bäuerle kam.

Für die anderen war es noch viel zu früh, die schliefen noch.

Leise, leise schleichend, verschwörerisch wieder im Dunkeln die Stiegen hinauf. Ich hatte da so mein System, das den Vorgang beschleunigen sollte.

Hopsend, ein wenig schaukelnd, daß es ihm den Magen schüttelte, freilich nicht zu arg, ging es bis zu mir hinauf, unters Dach. Dann wieder hinunter in die Küche, eine Runde im Wohnzimmer gedreht, um das stumme Klavier herum und wieder die Stiegen hinauf. Für ihn war das ein Spiel. Er und ich, Bruder und Bruder. Am Rande der Verzweiflung angelangt, stimmte ich schließlich mein einziges Lied an. Dann wußte er, meine Geduld war zu Ende, und wie nebenbei, stieß ihm endlich sein verdammtes Bäuerle auf, gründlich, aus tiefer Tiefe, gelassen und satt.

Hard water – die Wasserfälle

Die Erinnerung hat mich weit von Don Quixote abgelenkt. Meine Berge, wie gesagt, sind wirklich und haben Bestand. Nur das Klettern im Eis kann man manchmal mit den Windmühlenkämpfen des tapferen Junkers von der Mancha vergleichen. Im Winter findet man wenige Monate lang dort, wo es in den wärmeren Phasen des Jahres nur feuchten, bemoosten, steilen und brüchigen Fels gibt, glashartes, weiß-blau-grün glitzerndes Eis. Da wachsen ab Januar, in besonders kalten, strengen Wintern und auf schattigen Nordseiten oft schon im Dezember, mächtige erstarrte Fontänen aus den Tälern die Berge hinauf. Sie sind gelegentlich viele hundert Meter hoch. Folgen steilen, gewundenen Bachbetten von der untersten Wiese bis zu den Latschenfeldern, wo es schon Gemsen gibt. Manchmal ziehen sie halbmeterschmal – glasig, splittrig, senkrecht – durch Engstellen.

An diesen Stellen können sie heikel nach links oder rechts ausschwingen. Dort ist es besonders unangenehm zu klettern. Der Körper hängt schief nach außen. Es ist fast unmöglich, den nötigen Druck auf die Füße, die vordersten Zacken der Steigeisen auszuüben. Der Erfahrene weiß, daß die Eisstränge nach diesen Passagen oft unvermittelt wieder ins Lot zurückkehren, und richtet sich darauf ein. Vor allem die Seitentäler der Hohen Tauern sind ganz unten meist sehr schattig und steil. Dort ist das beste Terrain. Ganze Serien von Eiskaskaden stehen, mehr oder weniger hoch, mehr oder weniger stark und steil nebeneinander. Die kühnsten, fantastischsten Säulen verlieren sich oft in ungangbarem, überhängendem Fels. Die sind leider unbesteigbar.

Die Wände gehen oben in weit offene, Tausende Meter hohe Hänge über. Dort liegt viel Schnee, da lauert Gefahr. Man muß das Wetter, die Föhnlage, die Temperatur bedenken, berechnen, bevor man einsteigt. Das Wasser verläuft hier noch nicht in einem gesammelten Bett. Vielmehr drängt es ungefaßt in schmalen Kanälen ins Tal, tropft leise und stetig über Überhänge und wächst beim Gefrieren zu frei hängenden Eiswänden. Diese Vorhänge steigen oft meterdick eine ganze Seillänge – vierzig bis fünfzig Meter – hoch, ohne den Stein zu berühren. Oben werden sie splittrig, blättrig und dünn. Klettern kann man dort nicht mehr. Ganz selten nur trifft man an diesen Stellen auf solides, tragendes Eis.

Im Sommer sind diese Gegenden uninteressant. Und die Attraktionen, die tosenden, brausenden Wasserfälle, frieren im Winter kaum. Viel zu viel Wasser rinnt da zu schnell. Es reißt das wenige, an den Seitenwänden Gefrorene gleich mit. Es müssen unscheinbare Rinnsale sein, sonst wachsen sie nicht.

Man kann die herrlichsten Abenteuer erleben in diesem Eis! So locker wie im Sommer, in leichtem Hemd, mit bloßen Händen, kann man hier natürlich nicht klettern. Es werden zwei kurze Pickel verwendet, die speziell für extrem steiles Eis gefertigt sind. Für normale Alpenwände oder Gletschertouren eignen sie ich nicht. Bei solchen Wanderungen ist es oft notwendig, den Weg stochernd nach Spalten zu prüfen. Dazu wären sie nicht lang genug. Und bei Eistouren in tausend Meter Höhe muß eine Seilschaft, die sich gut sichern will, Standstufen hacken. Die Hauen der Wassereisgeräte stehen aber in einem sehr spitzen Winkel zum Schaft. Sie sind so konzipiert, daß sie eben nur im steilsten Eis sicheren Halt geben.

Es werden auch speziell konstruierte Steigeisen angeboten. Sie bestehen aus besonders gehärtetem Stahl, sind steif, ohne Mittelsteg, relativ schwer und haben bis zu 24 Zacken. In Sekundenschnelle, mit einem einzigen Handgriff, sind sie an den modernen, federleichten Kunststoffschuhen festgemacht.

Von solch einer Ausrüstung hätten wir wahrscheinlich vor zehn Jahren nicht einmal geträumt. Alle Firmen, die Hartware herstellen, bieten heute spezielle Eisausrüstungen an. Sie arbeiten zudem ständig an der Verbesserung des Materials. Damit folgen sie dem wachsenden Trend zu diesem winterlichen Gegenstück zum reinen Felsklettern. Seilschaften stehen für jedes Eis besondere Sicherungsschrauben zur Verfügung. Sie sind zwar sehr teuer, doch auch leicht und herrlich einfach zu bedienen. Sie werden vom Seilersten eingeschlagen und an der Öse vom Nachsteigenden gepackt. Mit ein paar Handgriffen sind sie blitzschnell und kraftsparend herausgedreht.

Ich selbst habe damit überhaupt keine Erfahrung. Schon seit zwei Wintern klettere ich an den Wasserfällen ausschließlich ungesichert und allein. Seil ist erst gar keines mit dabei. Höchstens einen Sitzgurt mit eingeknüpfter Schlinge für kurze Rasten nehme ich mit. Da sind an den beiden offenen Enden Karabiner befestigt. Sie lassen sich mit etwas Übung leicht in die verstellbaren Schlaufen der Pickel einklinken, die bei Belastung sofort arretieren. Es ist aber bestimmt nicht jedermanns Sache, sich in einhundert Meter Höhe ohne sonstige Sicherung voll in die Geräte zu hängen.

1985 hatte es einen besonders kalten Winter. Die Wasserfälle hielten bis in den späten März hinein. Ich hatte kein Buch zu schreiben, keine Vorträge zu halten und, wie es sich für einen Profi gehört, für die Kletterei viel Zeit.

Don Quixote

Das Buch

Im vorhergehenden Herbst, an einem frühen Septembertag, war mein erstes Buch, „Der Alleingänger", herausgekommen. Von diesem Moment an gehörte es nicht mehr mir. Die Leser und Journalisten würden es nach den Maßstäben ihrer eigenen Ansichten und Meinungen lesen und verstehen. Die geäußerten Gedanken und Überlegungen würden in jedem Kopf eine andere, neue Form annehmen, nicht mehr die ursprünglichen, die meinen sein. So erwartete ich von den bevorstehenden Zeitungsartikeln nicht allzuviel.

Ich war erst 22. Aber ich fühlte kaum Stolz, als ich das Werk in den Händen hielt. Vielleicht spielte die berühmte Melancholie der Erfüllung eine Rolle. Es war ein so langer Weg gewesen, und vielleicht war wirklich er das eigentliche Ziel. Ich weiß es nicht. Jedenfalls fuhr ich niedergeschlagen und traurig mit meinem langjährigen Freund Michael Drechsler zum Klettern an die Côte d'Azur. Finale Ligure liegt ziemlich genau zwischen Genua und Monte Carlo. Dort gibt es herrliche Felsen, sie ragen zum Teil direkt aus dem Meer.

Das sollte unsere erste Station sein. Wir haben schon unseren eigenen, vertrauten Olivenhain, fünf Kilometer im Landesinneren. Die sonst ewig kläffenden Hunde der umliegenden Gehöfte kannten uns bereits, und sie verhielten sich gleich nach unserer Ankunft ruhig. Bisher war das Wetter dort immer schön gewesen. Wir hatten nie ein Zelt benützt. In dieser ersten Nacht jedoch fing es zum ersten Mal zu regnen an.

Anfangs weigerten wir uns, es zu glauben. Das war noch nie vorgekommen. Doch bald war der Regen nicht länger zu ignorieren. Tackend schlug es auf die Blätter des großen Olivenbaums. Immer öfter fand ein Tropfen seinen Weg durchs Geäst und traf mein unbedecktes Gesicht. An Schlaf war unter solchen Umständen freilich nicht mehr zu denken. Michael und ich wurden tatsächlich naß. Wütend, im Halbschlaf, rappelten wir uns auf. Das Auto stand dreißig Meter entfernt. Den Schlafsack, die Liegematte unter dem Arm, in Unterhosen, taumelte ich schlaftrunken als erster über die Wiese. Da passierte es: Ich trat in ein kleines, nicht sehr tiefes Loch. Der kalte Knöchel kippte um. Auf dem linken Bein hüpfte ich aufschreiend weiter, hielt mich hopsend aufrecht, rechts brannte ein höllischer Schmerz.

Der fünfte Mittelfußknochen war glatt gebrochen, wie das Röntgenbild

43

später zeigte. Das war meine erste ernsthafte Verletzung überhaupt. Bei keiner meiner wilden Schiabfahrten, bei keinem Training, bei keiner Klettertour war mir etwas zugestoßen. Ich mußte vierzehn Tage liegen, dann gab es zwei Monate Gips.

Die neuen Profis

Die Zeiten, da ich als völlig Unbekannter mit dem uralten Wagen, so gut wie ohne Geld und um so mehr Zeit, den Kopf aber trotzdem voller ehrgeiziger Pläne, nach Chamonix fahren konnte, waren nach meinem Alleingang am Matterhorn und am Eiger vorbei. Der Eiger hat mich berühmt gemacht. Das war mir eigentlich auch ganz recht. Als ein Niemand, das war immer klar gewesen, würde ich als Bergsteiger kaum meinen Lebensunterhalt bestreiten können. Doch daß es so schnell gehen, daß der Eiger der Schlüssel sein würde, davon war ich sehr überrascht. Fast muß ich sagen: überrumpelt.

Zunächst hielt ich, von vielen Firmen und Institutionen eingeladen, ein Jahr lang Vorträge. Das waren sehr wichtige Erfahrungen. Gleichzeitig mußten die Texte umgeschrieben und für mein Manuskript ergänzt werden. Den Hauptteil hatte ich ja schon als Zwanzigjähriger aufgesetzt. Ich selbst als eigene „Firma" mußte mich und meine Aktivitäten organisieren, unendlich viel Schreibtischarbeit fiel da an. Gute zehn Monate lang waren die Berge zum erstenmal nicht so wichtig. Für sie, für die Basis, das Sprungbrett, den Motor des Ganzen, fand ich einfach keine Zeit. Nicht einmal für die Liebe hatte ich Muße. Die dreijährige Beziehung zu meiner schwedischen Freundin Veronica zerbrach.

Es war kaum zu fassen, wie schnell das Jahr verging. Der Sommer kam. Ich war ein Profi, und bekannt dazu. Man setzte hohe Erwartungen in mich, verlangte mehr, wollte Schnelleres, Schwierigeres, Höheres. Das wurde mir bald klar. Und es war mir auch recht. Entwicklung, Leistungssteigerung, Bewegung waren ja unbedingt in meinem Sinn. Daß von einem Zweiundzwanzigjährigen physische und auch psychische Steigerungen erwartet werden, ist natürlich und legitim. Der Unterschied zu früher war nur: Plötzlich war es kein Spaß mehr, plötzlich *mußte* ich. Das Lockere, Spielerische, vielleicht auch: das Kindliche war vorbei. Ich wurde von außen und von mir selbst zunehmend unter Druck gesetzt. Mehr als die Eiger-Wand in knapp fünf Stunden und nach wie vor als einziger ohne Seil zu bezwingen war in den Alpen nicht möglich. Hier hatte ich meine Rekorde schon aufgestellt. Seit Jahren schon, als ich sechzehn war, war ich allein im extremsten Fels unterwegs. Hochkogel, Civetta, Droites, Ortler, Montblanc, Grandes Jorasses, Matterhorn, Eiger kannte ich alle. Und mein Alleingang auf den Walkerpfeiler an der Grandes Jorasses, das weltbekannte Prunkstück an Schönheit, Steilheit, Schwierigkeit im Montblanc-Gebiet, der Traum jedes Extrembergsteigers – bewältigt sogar ohne die psychische Sicherheit eines mitgetragenen Seiles – war noch nicht überboten. Selbst ein Christophe Profit, von dem die Rede sein wird, hatte meistens ein Seil mit. Und obwohl mir im Gegensatz zu den meisten anderen die Route nicht bekannt war, sind meine sieben Stunden seit diesem Sommer 1982 unerreichter Rekord. Das gleiche gilt für andere Wände – Civetta, Droites, Eiger.

Die rein sportliche Wertleistung dieser Alleingänge in den Alpen wäre selbstverständlich zu übertreffen gewesen, auch von mir selbst. Wenn es mir nur um Rekorde, medienwirksame Sensationen gegangen wäre, darum, meine Technik zu verbessern, meine Muskelkraft und Schnelligkeit zu steigern, dann hätte ich dem Weg eines Christophe Profit folgen müssen. Dieser unglaubliche Franzose, 25 Jahre alt, hat einem fassungslosen alpinen Publikum, meist vom Hubschrauber aus beobachtet, mehrmals die jeweils nächste Stufe im Leistungsalpinismus vorgeführt.

Als Soldat in Chamonix stationiert, unterstützt von seiner alpinen Truppe, hat er als erster begonnen, das sogenannte „Enchainement" zu betreiben. Das ist die Kombination von verschiedenen extrem schwierigen Besteigungen an ein und demselben Tag. – Eine Praxis, die bis jetzt eine Domäne französischer Spezialisten – Profits, Eric Escoffiers und Jean-Marc Boivins – geblieben ist. So hat Profit zum Beispiel im Winter die Nordwand der Droites, der Aiguille de Talefre und das „Leichentuch" – neben dem um 300 Meter höheren „Walkerpfeiler" an der Grandes Jorasses –, innerhalb von vierundzwanzig Stunden im Alleingang bestiegen. Ein Seil trug er mit, und am Ende der Routen hatte er Langlaufschidepots eingerichtet. Seine Aktion war wohlüberlegt und von langer Hand geplant. Anders geht das auch gar nicht. Wie groß diese Leistung ist, kann nur ein Extrembergsteiger ahnen.

Profit ist vor allem im Montblanc-Gebiet unterwegs. Die wichtigsten Wände dort kennt er wie seine Westentasche. Fünfmal durch das scheußliche, gefährliche Dru-Couloir! Zehn Stunden nur hat er im Winter 1985 für die klassische Route in der Eiger-Nordwand gebraucht. Im Juli 1985 ist es ihm gelungen, innerhalb von vierundzwanzig Stunden die Nordwände von Matterhorn, Eiger (noch einmal die klassische Route, in sechs Stunden) und die Grandes Jorasses (wieder das „Leichentuch", zum mittlerweile vierten- oder fünftenmal) allein zu bewältigen. Diesmal haben ihn Hubschrauber von einer Wand zur anderen gebracht. Angetrieben durch wirtschaftliche Gedanken und beraten von einigen Medienspezialisten, habe auch ich eine Zeitlang mit ähnlichen Plänen gespielt. Die Zeitungen wären zweifellos voll davon gewesen, das Publikum zufrieden.

Aber ich habe darauf verzichtet. Das ist nicht mein Weg. Vielleicht wird es in Zukunft sogar Prämien geben für den, der die Eiger-Wand an einem Tag am öftesten durchsteigt. Das ist gar keine allzu fantastische Vision. Hier in Frankreich stellen die Alpinzeitschriften bereits bei Wintertouren rennmäßige Vergleiche zwischen Eric Escoffier und Christophe Profit an. Für mich aber steht fest: Bei diesen Rennen mache ich nicht mit. Das paßt nicht zu meinem Stil.

Im offenkundigen Gegensatz zu Christophe Profit ist es mir nicht möglich, im Alleingang Wände zu wiederholen, die ich allein bereits bestiegen habe.

Ich bin nie auf der Jagd nach Schnelligkeitsrekorden gewesen. Warum sollte ich ausgerechnet, nur um der Sensation willen, ausziehen, meine eigenen Rekorde zu brechen? Das wäre doch sterbenslangweilig. Nach dem ersten Mal ist die Spannung weg. Bei einer Wiederholung würde mir der Spaß und der Reiz des Unbekannten, Unbewältigten fehlen. Ohne diese Spannung, in die das bisher unerreichte Ziel mich versetzt – die mich wach macht und über mich selbst hinaustreibt –, kann ich nicht mit voller Kraft und Konzentration klettern. Geld kann diese Motivation nie ersetzen.

Nach der Eiger-Nordwand war die nächste Stufe meiner Entwicklung sicherlich nicht das „Enchainement". Ein Versuch damit hätte höchstens einen nächsten Abschnitt in der Entwicklung meiner rein körperlichen Leistungsfähigkeit bedeutet. Das ist ein wenig befriedigendes Ziel. Ich war über 21. Das Klettern war mir seit fast zehn Jahren vertraut. Ich wußte damals über Gipfel und Wände, Fels und Eis, Schneesturm und Muskelkrämpfe schon ziemlich genau Bescheid. Wie ein Besessener war ich geklettert, hatte ich trainiert. Machte fanatische Klimmzüge, mitten in der Nacht und sogar auf der Toilette in der Schule, Hunderte am Tag. Und rannte schon als Schüler für die Kondition, für die Berge! Bis zu fünfzig Kilometer weit. Aber was die rein körperliche Leistungsfähigkeit betrifft, werden uns die Tiere immer übertreffen. Und ich bin doch ein Mensch, und das Menschsein besteht in etwas ganz anderem.

Eine Zeitlang schien mir der nächste logische Schritt, eine Steigerung weniger in der Quantität als in der Qualität der fels- und klettertechnischen Schwierigkeit zu suchen.

Fast die gesamte italienische und französische Riviera, von Genua bis nach

Marseille, mit ihren unzähligen Klettergärten und dem das ganze Jahr über milden Klima eignet sich herrlich dafür. So kam ich auch im Sommer 1984 zu dem Entschluß, in den geographischen Mittelpunkt dieses ganzen Gebietes zu ziehen, nach Monte Carlo. Ich kletterte und kletterte, oft mit einem guten Freund. Immer im Warmen, höchstens hundert Meter über dem Boden, das war ein ganz neues Gefühl. Man war nicht so abgeschieden, nicht immer allein und tausend Meter vom Tal entfernt. Am Nachmittag schwammen wir, am Abend gab es Spaghetti in einem Restaurant. Ich war glücklich, es war eine herrliche Zeit.

Doch zu Hause wurde mein Buch vorbereitet. Vierzehn Monate waren vergangen seit meinen letzten spektakulären Erfolgen. Man begann zu fragen, zu bohren: Wo bleibt die nächste Sensation? Ich geriet unter Druck, wollte an die Küste fliehen. Da rettete mich der Beinbruch. Ich war mit dem Gips gleichsam aufs Lager geworfen, zum Nachdenken gezwungen, zum Überlegen. Mir wurde bewußt, daß der Eiger nur Höhepunkt, Gipfel, die gesamte Konzentration dessen gewesen war, was ich in dem Jahrzehnt zuvor in den Bergen gelernt hatte. Er war der ungeplante Abschluß meiner bisherigen Entwicklung. Der harmonische, logische Weg in den Alpen war für mich vorübergehend zu Ende.

Es war ganz einfach endlich Zeit, auch dem Geist Genüge zu tun. Da war das unvollendete Buch, das schrieb ich fertig. Ich wußte nicht, wie es war, vor 2.000 Leute hinzugehen und Vorträge zu halten, und ich hielt sie. Nie hatte ich Geld gehabt – jetzt verdiente ich endlich welches. Und es ging um noch etwas, das bisher immer im Hintergrund gestanden hatte: Es ging um die Lösung der Frage nach dem Warum!

So war die Pause von den Bergen notwendig, um schließlich zu ihnen zurückzukommen.

Manchmal erzählen Augenzeugen oder Kletterer, die mit Christophe Profit gesprochen haben, von seinen Touren. Auch in den alpinen Fachzeitschriften, vor allem in Frankreich, steht viel davon. Mich erinnert das immer an meine Erlebnisse beim Motorradrennen am Salzburgring. Das war vor zwei Jahren bei einem Grand Prix. Die Besten der Welt traten an. Den Namen Barry Sheene zum Beispiel kannte selbst ich. Damals siegte er nicht mehr. Er hatte zahllose schwere Stürze hinter sich. Aber er fuhr immer noch. Er war einer von einem guten Dutzend kleiner, zarter Männer, die sich mit 300 Kilometern in der Stunde in die Kurve legten. Ungeschützt auf dem Motorrad, das schneller beschleunigt als ein Formel-I-Wagen.

Die „neue" *und die „alte" Heimat: Klettergartentraining 1985 am „Tête de Chien" in Monte Carlo; und ein winterlicher Tiefblick vom Heukareck auf das Salzachtal in der Nähe von St. Johann (Salzburg).*

Tägliches *ungesichertes Wasserfallklettern, hier an der „Gläsernen Madonna" in den Hohen Tauern, kann auch Selbstzweck sein und Spaß machen. Mir scheint es jedenfalls die Voraussetzung für instinktives, selbstverständliches Alleingehen im kombinierten Gelände zu sein.*

Kraftkammer: *Es gilt vor allem, das richtige Maß zu finden; zuviel Muskelmasse macht unbeweglich und schwer. Zweifellos aber vergrößert gezielte Arbeit mit den Gewichten die Basiskraft.*

In den Felsen *von Monte Carlo: Nach den sonnigen Frühjahrs-monaten in den Felsen am Meer wird das Steigen in der Senkrechten für mich so selbstverständlich wie wohl für die meisten unserer Mit-menschen das Gehen auf ebenem Weg.*

Wenn man als Zuschauer bei den Boxen stand oder an den Leitplanken vorne, war es unmöglich, den Kopf schnell genug zu drehen, um den Fahrern mit den Augen zu folgen. In jeder Runde, schien es, wurden sie schneller. Später, bei einem Abendessen nach dem Rennen, bin ich mit Leandro Beccheroni, dem italienischen Meister in der Halbliterklasse, ins Gespräch gekommen. Er ist ein Toskaner, ein feiner, gebildeter, lebenslustiger Mann. Mit seiner Frau und seinen Kindern lebt er in der Nähe von Florenz. Seine Brüder betreiben ein gemütliches Restaurant. Sie finanzieren ihn mit. Er selbst ist ein „appassionato", ein Begeisterter. Sein Rücken ist von einem Sturz auf einem jugoslawischen Kurs entstellt. Er ist kein Werksfahrer, die besten Maschinen bekommt er nicht. Also wird er nie gewinnen, das weiß er. Er ist gut über dreißig. Aber er fährt weiter und weiter.

Von diesem Sport habe ich keine Ahnung. Was einen Leonardo Beccheroni bewegt oder einen rein rekordorientierten Extremalpinisten wie Profit, kann ich mir nicht vorstellen. Aber ich darf nicht ungerecht sein, denn ich habe am eigenen Leib erlebt, wie schnell Menschen mit Kritik zur Hand sind.

Vielleicht lebe ich noch zu sehr in der philosophisch gefärbten Gedankenwelt der Alten, die vermutlich schon tot ist: Preuß, Buhl, Rébuffat, Maestri, Desmaison, Bonatti und die nächste Generation: Reinhold Messner und der bundesdeutsche Reinhard Karl, der leider im Himalaya verunglückt ist.

Fast alle diese Männer sehe ich nur in Verbindung mit ihren Gedanken, mit ihren Büchern. Ihre grandiosen Leistungen am Berg allein zählen für mich nicht viel.

So bin ich erzogen. Seit ich mich erinnern kann, hat mir der Großvater das hellenistische Prinzip nicht nur perfekt vorgelebt – er, der Tennisenthusiast, Turner, Langläufer, Schifahrer und gleichzeitig ein Mann, dem die Idee des Humanismus in Fleisch und Blut übergegangen war –, er hat es mir fest eingeprägt. „Mens sana in corpore sano." So alt und, weil gar so oft benützt, so abgeschmackt es auch klingen mag. So sehe ich die Alten. So will ich mich selbst sehen. Und genau das ist es, was mir bei diesen „jungen" Spitzenleuten – sie sind alle älter als ich –, die das Bergsteigen nur mehr als Profisport betreiben, abgeht.

Gegen Sensationen habe ich im übrigen nichts einzuwenden, im Gegenteil. Was zieht denn, ganz ehrlich, in den Zeitungen, im Fernsehen, unsere Augen an? Die Schlagzeilen sind es, das Außergewöhnliche, die Gefahr, bestimmt nicht das Mittelmaß. Kein Mensch besucht ein Autorennen, um selber irgendeinen Formel-Wagen zu fahren. Fast alle gehen sie hin wegen des Nervenkitzels: Wird es einen Unfall geben? Wie viele andere lebe auch ich davon. Es ist ein großes Glück für uns, daß unsere liebste Beschäftigung Interesse findet und uns erwähnt. Aber in erster Linie folgen wir unserer Passion.

Ich selbst habe, lange bevor ich die ersten Groschen mit dem Bergsteigen verdient habe, mit 16, mit 17, schon Touren gemacht, die viel härter für mich waren als die Eiger-Wand. Von einem halben Dutzend Erlebnissen wüßte ich zu erzählen, da ging es viel wilder zu. In den einsamen Wänden meiner Heimat – im Hochkönig, Tennengebirge, Dachstein, im östlicheren Gesäuse auch und in den italienischen Dolomiten – habe ich buchstäblich um mein Leben gekämpft, so pathetisch es klingt. Damals haben die surrenden Kameras und die Journalisten gefehlt. Höchstens eine Alpinzeitschrift hat sich hier und da für den Bericht interessiert.

Schreiben

Damals, als Junger, als Schüler, ist es mir nur um das Bergerlebnis gegangen, sonst um nichts. Heute klettere ich besser und denke anders. Ich trainiere überlegter, konzentrierter und effizienter. Und heute schreibe ich so viel wie noch nie! In gewissen Phasen, so wie in dieser jetzt, ist mir das Schreiben so wichtig wie das Klettern selbst und nimmt fast seinen Platz ein. Ich kann gar nicht anders. Ich muß. Es ist, als schöpfte ich vom einen für das andere Kraft. Nie würde ich einen Ghostwriter akzeptieren. Das Schreiben ist ein Teil meiner Fähigkeiten. Es darf nicht ungenützt bleiben, nicht brachliegen. Es muß Zeiten der Zurückgezogenheit geben, in denen nur die Sprache zählt, das Wort. Auch Schreiben ist kein Geschenk. Es verlangt die volle Aufmerksamkeit, die ganze Kraft. Platz für anderes läßt es mir nicht.

Wochenlang, monatelang, das ganze Frühjahr schon rast die schöne schwarze Feder übers Papier, tippt die Maschine, Blatt für Blatt. Ich selbst mache das, ich selbst. Die Seiten füllen sich. Doch es fällt mir nicht leicht. Ich plage mich, plage mich wochenlang, und es kommt nichts heraus. Ein Genie, ein begabter Schriftsteller bin ich nicht. Unendlich groß ist die Schwierigkeit, die richtige Wortfarbe zu treffen, die richtige Temperatur. Homogen soll das Geschriebene sein, ein ganzer, einheitlicher Block. Die richtigen, echten Gedanken und Gefühle müssen gefunden, herausgearbeitet, freigelegt werden, sonst bin ich nicht zufrieden.

Die Welt ringsum versinkt. Alles ist so herrlich weit weg. Sollen sie über meine versäumten Rekorde Wetten abschließen. Es hat alles im Augenblick keine Bedeutung für mich.

Bei meinem täglichen Weg in die Stadt nehme ich kaum etwas wahr. Tagelang sehe ich nur das Fräulein an der Kasse im Supermarkt. Sie ist häßlich und sehr freundlich, lächelt immer und ist dick. Das ist alles.

Nur die Zeichen, die Zeilen in meinem Kopf stehen da. Ich telefoniere mit meiner Familie, höre Stimmen über tausend Kilometer Entfernung. Mein Flugzeug erwartet mich, ich weiß gar nicht, wann. Wenn sie mich anrufen, sollten sie nicht fragen: „Wie geht es Dir?". Es geht mir nicht gut und nicht schlecht. Ich schreibe. „Hast Du gut gearbeitet?" müßten sie als erstes wissen wollen, „wie geht es mit dem Buch?"

Auch für das Training nehme ich mir nicht viel Zeit. Laufe höchstens eine

Stunde den Berg hinauf – steile Straßen gibt es hier ja genug – und trainiere ein wenig mit Gewichten. Und mühe und mühe mich. Es ist eine Freude und eine Qual – und nicht so einfach wie am Berg. Da geht es einfach und gerade, ohne Umwege und unmißverständlich hinauf. Beim Schreiben streiche und schmiere ich endlos lang herum, bis mir scheint, daß ich das Beste gefunden habe, was aus mir kommen kann – zumindest für den Augenblick. Den Mittelweg kann ich auch da nicht akzeptieren. Das ist nicht mein Weg. Und ich schreibe. Es regnet. Die Sonne scheint. In meinen Zeilen vergehen plötzlich die Stunden. Die Worte saugen sie auf. Es ist schon lange keine „Arbeit" mehr. Es wird Abend, es wird Nacht, unmerklich, wegen meiner Worte übersehen. Draußen gehen die Lichter an. Meine Augen brennen. Weiter! Was kümmert mich der Berg! Jetzt schreibe ich. Das ist ein Steilstück auf meinem Weg. Da mache ich keinen Umweg. Meine Worte werden, hoffe ich, nie gleichbleiben. Immer soll es weitergehen, sich verändern, entwickeln.

Und Christoph Profit klettert. Er baut in den Wänden wohl seinen Vorsprung aus. Vielleicht geht er das „Leichentuch" zum sechsten Mal und braucht beim zehnten Mal dann glücklich keine Steigeisen mehr. Das kümmert mich nicht. Ich schreibe.

Wasserfall-Klettern

Weil ich mir ja den Fuß gebrochen hatte, konnte ich erst im Dezember wieder ein halbwegs normales Training aufnehmen.

Um – wie geplant – nach Patagonien zu fahren, war es nun zu spät. Untrainiert, wie ich war. Optimal ist es zum Klettern drüben zwischen Oktober und Januar.

Ich blieb also in Monte Carlo, stieg drei Wochen lang an den Felsen rum. Nach Neujahr schneite es die Strände zu. Meine Freunde gingen wieder zur Arbeit, oder sie setzten ihr Studium fort. Also ab in die Alpen! Hier herrschte, wie an der Côte d'Azur, einer der kältesten Winter dieses Jahrhunderts. Ich wandte mich den Eisfällen zu.

Es war fantastisch kalt, nirgendwo mehr ein Rinnsal. Alles war gefroren. Von überall zog es steil und blank und schmal herab. Im Januar fiel zudem kaum Schnee: So drohte wenigstens von Lawinen keine Gefahr. Man hätte mit geschlossenen Augen losziehen können, das bißchen Ausrüstung im Kofferraum, kaum zehn Kilometer weit. Einfach an irgendeiner Straße geparkt, dann klettern. Vierzig Meter genügen am Anfang. Um sich als Alleingänger Fehler zu leisten, ist das allemal zu hoch. Und doch tut man sich in anfangs gemäßigten Höhen leichter. So gewöhnt man sich, wird sicherer, traut sich immer weiter hinauf. Auch die Bruchstelle an meinem Fuß, die noch empfindlich war, dankte das langsame Beginnen: Man steht ja dauernd auf den Frontalzacken der Steigeisen, die oft kaum einen Zentimeter tief eindringen. Die Belastung auf Fußgewölbe und Waden ist groß. Zuerst hatte ich damit arge Probleme. Doch dann entwickelte meine Schuhfirma für mich spezielle Einlagen aus Kork, und die Schmerzen am rechten Fuß waren weg.

Auch die Handmuskeln mußten besonders trainiert werden. Denn mit dem gewöhnlichen Kraftaufwand, den man vom Felsklettern her kennt, hat das stundenlange Halten der Pickel, das tausendfache Zuschlagen wenig zu tun. Es gilt, dafür eine ganz spezielle, anaerobe Kraftausdauer zu trainieren. Nur damit schafft man es, die Arme pausenlos über Kopfhöhe zu halten und aus dem Schultergelenk auszuholen. Ich mußte bald feststellen, daß mein Daumenmuskel in keiner Weise ausgebildet oder trainiert war. Er wird offensichtlich im Felsen nicht gebraucht. Doch gerade der Daumen darf beim Packen des Pickelschaftes nicht das schwächste Glied in der Kette sein.

So machte ich viele nützliche Erfahrungen und steigerte mich langsam. Die Wochenenden mied ich. Nie traf ich jemanden, der mir Neues sagte, zeigte. Die wenigen Male, da ich anderen begegnete, Seilschaften mit Haken, wochentags, waren diese immer von meinen besonders praktischen und funktionellen Techniken überrascht. Freilich, einer, der fünf Tage in der Woche klettert, wie ich, lernt schnell und viel. Und die ständige Praxis merzt bei einem Alleingänger alles Unbrauchbare, Unnütze sehr schnell aus. Da gibt es keinen Mittelweg, keinen zusätzlichen Ballast.

Die Handgriffe, die Bewegungen werden kraftsparend und rationell. Steht man seine vier, fünf Stunden täglich ungesichert im senkrechten Eis, erwirbt man nicht nur eine herrliche, schier unerschöpfliche Kraft. Es entwickelt sich eine besondere Sensibilität für den eigenen Körper und, vor allem, für das Wichtigste in diesem Fall, für das Eis. Es kann von so vielfältiger Beschaffenheit sein. Weich, glasig, spröde, splitternd, schollig, hart. An manchen Tagen sind Wasserfälle in bestimmten Tallagen unbesteigbar. Das ändert sich von heute auf morgen. Obwohl das Eis oft meterdick ist, findet man keinen festen Halt. Man erkennt solche Stellen am Einstieg sofort, schon nach den ersten Metern. Ferner bestimmt eine Mischung aus einem speziellen trockenen Wind und der herrschenden Temperatur die Konsistenz des Eises. Meist zeigt das Thermometer um die minus acht bis zehn Grad. Jetzt den Wasserfall zu begehen hätte keinen Sinn, wäre zu gefährlich und ist nicht zu erzwingen. Man würde sich zu Tode arbeiten und den Pickel fünfzigmal an der gleichen Stelle einschlagen. Was nur einen noch tieferen Riß ergäbe. Es würde knacksen und leise knistern, was man keinesfalls überhören darf. Und dann platzte es los, bräche weg; riesige Schollen; und man stünde wieder am Anfang.

Es kommt oft vor, daß der erste Schlag mit dem Pickel nicht richtig sitzt. Der Geübte spürt das sofort. Vielleicht war der Winkel, mit dem er zugehauen hat, nicht ideal? Oder war die Oberfläche des Eises morsch, zu weich. Dann muß man das „faule" Material wieder und wieder zuschlagend loshacken. Und schwere Brocken fallen ab. Bersten weg. Springen heraus. Können einen vor allem im Gesicht verletzen. Oder, und das ist gefährlicher, sie fallen mit ihrem gesamten Gewicht auf die Schuhe, auf die Steigeisen, reißen sie aus ihrem labilen Halt. Wenn man die Beine möglichst spreizt, ist diese Gefahr zwar nicht zu vermeiden, aber doch zu verringern. Da hilft Erfahrung und Übung, Übung, Übung sehr viel. Ein Risiko bleibt es doch, vor allem, wenn der Eisschlauch sehr schmal ist und es unmöglich scheint, beide Füße nebeneinander auf gleichem Niveau zu halten.

Eingefleischte Felsspezialisten tun das Wasserfallklettern oft mit einem geringschätzigen Lächeln ab. Sie meinen, das Steigen mit den Pickeln, den großen, steifen Schuhen, das plumpe, fast brutale Zutreten mit den Eisen sei nicht ästhetisch, die Bewegungen eintönig, der Kraftaufwand stupid.

Sie haben in gewisser Weise recht. Einem Felstänzer, der nur bei optimalen Bedingungen unterwegs ist, paßt die schwere Ausrüstung, das eisige, fast immer unwirtliche Gelände nicht. Wenn einer nicht Spaß an der Sache selbst hat, dem nützt sie „nur zum Training" nichts. Was wollte man auch mit winterlichen Erfahrungen an den sonnigen Felsen der Côte d'Azur anfangen?

Befriedigend, ja spannend wird es erst, wenn man wirklich durchtrainiert ist. Daumen und Waden müssen die stundenlange Anspannung, die Arme das richtige Zuschlagen gewöhnt sein. Für den ganzen Körper, das Herz, die Lunge ist es oft eine Qual und ist mit dem feineren Sportklettern nicht oder nur selten vergleichbar.

Das gilt um so mehr für mich, da ich nur allein ins Eis gehe. Erstens fällt da das zeitraubende Schlagen der Eishaken weg. Zweitens kann ich nicht Körper und Geist nach vierzig, fünfzig Metern am Standplatz gesichert ausrasten, solang ein Partner steigt. Es ist also ohne Seil leichter, im Endeffekt aber doch unendlich viel ernster. Denn wieviel vor allem psychische Reserven schafft so ein Seil! Man braucht kaum vorauszudenken. Steigen, steigen, steigen, bis es nicht mehr geht. Und seilt sich bei einem eventuellen Endpunkt einfach ab...

Der Alleingänger hingegen muß ständig abwägen und vorausschauen. Lebensnotwendig ist die genaue Kenntnis der eigenen Kraft. Ich kann es gar nicht oft genug wiederholen.

Der Alleingänger darf nicht nur an den Weiterweg denken. Er muß ja auch wieder heraus aus der Wand. Ich pflege daher – schon zum optimalen Training – die Aufstiegsroute auch abzuklettern. Das ist viel schwieriger und braucht nach den Stunden der Anspannung beim Aufstieg erst recht volle Konzentration.

Aber ich genieße das Klettern im Eis. Ich zehre monatelang an den Erinnerungen. Dabei gehe ich so gut wie bei jedem Wetter. Leichter Schneefall stört nicht im geringsten. Es ist anders als im Fels: Der muß trocken sein und möglichst warm.

Freilich kam es vor, daß ich – nachdem ich eine Situation falsch eingeschätzt hatte – buchstäblich in des Teufels Küche kam. Ich erinnere mich hier besonders an zwei Tage im Februar 1985. Ich war schon so gut trainiert, daß ich glaubte, ich käme überall durch: Kein Eis, keine Kaskade wäre zu schwierig, von den wenigen, manchmal frei stehenden Säulen einmal abgesehen. Damals fuhr ich gut eineinhalb Monate lang in den Alpen herum. War bei Cortina, in den weitverzweigten Schluchten des Monte Cristallo, war an der Tofana. Fuhr über den Felbertauern nach Hause, dann über Innsbruck, nach Vorarlberg, tief hinein in die Schweiz, zum St. Gotthard. Überall waren die Wasserfälle gefroren, überall war es bitter kalt, überall lockte bestes Eis. Auch im Valtellino, bei Sondrio und Bormio und in der Nähe von Trento ragte es neben den Straßen alle Rinnsale hinauf.

Und ich kletterte und kletterte und kletterte.

Wurde immer stärker, sicherer. Kam so gut wie überall oben an und stieg auch das meiste wieder frei zurück. Also auch da kein überragendes Problem mehr im Weg.

Viel Selbstbewußtsein wuchs da. Im engen, schattigen Tal zwischen Uttendorf im salzburgischen Pinzgau und dem Enzingerboden wurde es zum ersten Mal in die Schranken gewiesen. Ich kam mit einem blauen Auge davon.

Ich war nicht in Lebensgefahr. Auch die Schwierigkeit hatte ich nicht überschätzt. Nur die Zeit.

Zu Mittag aß ich mit der Mutter, was selten genug vorkommt, gemütlich in einem Restaurant. Danach, und einer plötzlichen Eingebung folgend, brach ich auf: Schnell die bewährte, dünne Hose übergestreift, einen leichten Pullover angezogen. Der Rest der Ausrüstung liegt ohnehin immer im Wagen. Und los ging es in das bewußte Tal. Es war schon nach drei, der Himmel bedeckt. Um diese Jahreszeit wird es um fünf finster.

Eine völlig vereiste, mäßig ansteigende Wiese zog zu dem Wasserfall hin, den ich besteigen wollte. Bei normalen Verhältnissen wäre dieses Gelände kein Problem. Doch diesmal mußte ich sofort, kaum aus dem Auto ausgestiegen, die Steigeisen anlegen.

So etwas hatte ich noch nie erlebt. Nicht weiter nachdenken, fraglos und forsch und voller Energie losmarschieren. Aus dem blanken und durchsichtigen Eis, das die Wiese Hunderte Meter weit gut zwanzig, dreißig Zentimeter dick überzog, ragten die Stämme einzelner Bäume einsam heraus. Über wie in Glas gefangenes braunes Gras ging ich zum Ansatz meiner Kaskade hin.

Eigentlich war es ein sehr langer, ziemlich lotrecht ansteigender Schlauch. Ohne viele Kurven oder Windungen verschwand er hoch oben über eine Kante in einem riesigen freien Hang. Das wäre zumindest logisch und anzunehmen gewesen. Doch selbst vom Auto, aus der Distanz also, sah man den gesamten Verlauf des Eises nicht. Die Höhe des Eisschlauches war mit gut dreihundert Metern – kaum übertrieben geschätzt.

Knappe zwei Stunden noch dauerte der Tag. Eine Stirnlampe, wie man sie in den Westalpen trägt, hatte ich selbstverständlich nicht mit.

Während mein Verstand noch kurz verharrte und die doch etwas knapp werdende Zeit ins Kalkül zog, bewegte sich schon wie von allein der Körper die nicht ganz senkrechte erste Steilstufe hinauf. Die Verlockung war zu groß. Zunächst ging auch alles gut. Wie gewohnt, wuchs die Tiefe schnell. Wenn man so voll konzentriert klettert, schaut man nie hinunter. Daß fehlerlos gearbeitet werden muß, ist nach den ersten Schritten sonnenklar. Jede Bewegung wird exakt ausgeführt. Nach 20, 30 Minuten – egal, wie kalt es ist, gleichgültig, wie leicht die Kleidung – bin ich vom Schweiß klatschnaß. Immer hat es Minusgrade. Pausen, Rasten gibt es nicht. Ständig muß ich in Bewegung sein, hinauf, hinauf, nach links, nach rechts. Wenn es das Gelände erfordert, geht es gelegentlich auch ein paar Schritte zurück, wird ein kleiner Umweg gemacht.

Oft verändert sich mit zunehmender Höhe die Beschaffenheit des Eises. In den Tälern liegen in den winterlichen Alpen oft die Kälteseen. Nach wenigen hundert Metern wird es meistens ein paar Grad wärmer. Das muß man berechnen und einkalkulieren. Denn mit der Temperatur, die auf die Beschaffenheit des Eises direkten Einfluß hat, verändert sich auch dessen Konsistenz. Es kann gefährlich splittrig oder unangenehm naß werden, und weich. Das verlangt eine den Verhältnissen angepaßte Routenwahl und einen entsprechenden Kletterstil. Ich kletterte, ohne viel nachzudenken.

Wirkliches bewußtes Denken braucht es ab einer gewissen Perfektion nicht mehr. Dieses Stadium war nach fast zwei Monaten intensivsten Trainings erreicht. Auch wenn ich in extremstem Gelände ungesichert auf den vordersten Zacken der Steigeisen nur stehe, der Körper auf den äußersten Spitzen der Pickel hängt, die Muskeln ohne Pause zum Zerreißen gespannt sind, empfinde ich diese Lage bei meiner Übung nicht mehr als außergewöhnlich. Mir ist dann, als könnte das alles gar nicht anders sein.

Das hellwache Bewußtsein oder der Instinkt – was immer das ist – vergißt das nie. Sie leiten und lenken und schüren, wenn nötig, die Angst. Auf diese Weise kann mir trotz der Routine fast nichts passieren. Diese Kletterei wird eine zweite Art des Gehens. Es besteht keine Gefahr, daß man die Pickel losläßt oder die Muskeln löst. Und wenn ein Pickel keinen festen Halt im Eis findet, belastet man ihn eben nicht. Wenn es notwendig sein sollte, schlage ich eben hundertmal zu. Letztlich ist es eine Frage der Zähigkeit und Genauigkeit. Ein gewisser Hang zum Perfektionismus ist vonnöten und der Wille, sicher anzukommen. Wenn ich klettere, muß sich kein Mensch um mich sorgen. Selbst wenn ich Kinder hätte, verheiratet wäre, machte das keinen Unterschied. Ich würde, müßte nicht anders denken als jetzt. Bei meinem Stil und der Art, wie ich das Ganze vorbereite, ist es so gut wie unmöglich, das Risiko noch zu verringern. Das heißt nicht, daß eine Verbesserung meiner Kraft, meines Könnens unmöglich wäre. Und heißt auch nicht, daß kein Mensch sicherer klettern kann als ich, oder daß ich unfehlbar bin. Was ich sage, ist: daß die Touren, die Wände, die Schwierigkeiten, die ich im Alleingang angehe, haargenau meinem Können, meiner Kraft, meiner psychischen Verfassung und Konstitution, meiner Erfahrung, meinem Mut, meiner Motivation entsprechen und angepaßt sind.

Es ging also zügig und ohne große Schwierigkeiten voran. Der Eisschlauch, der unter meinen Füßen verschwand, wurde immer länger. Tief unten ging er in die glasige Wiese über. Zwei Absätze hatte ich bereits überschritten. Da gab es auf fünf Meter flacheres Gelände, und die Muskeln der Waden, der Hände, des Rückens vor allem, ruhten sich aus.

An den zwei darauffolgenden senkrechten Aufschwüngen war das Eis sehr dünn geworden. Unter einer nur mehr faustdicken Schicht war das Gurgeln und Rauschen stürzenden Wassers zu hören. Diese Steilstücke waren jeweils ungefähr zehn Meter hoch. Ich weiß, das klingt nach nicht viel. Aber ich war schon hoch oben, und die Nerven ignorieren die Tiefe nicht.

Hier hieß es auf einmal: ungeheuer vorsichtig sein. Behutsam schob ich mich hoch. Ich hielt den Atem an.

Der Eisschlauch hatte sich hier auf drei Meter Breite verjüngt. Links und rechts war er von senkrechten Felsen eingefaßt. Der Wasserfall zog jetzt durch eine hundert Meter hohe, sehr glatte Wand. Das gewohnte Tempo war nicht beizubehalten. Meine instinktive Einteilung des zur Verfügung stehenden Tageslichtes – Aufstieg, Abstieg eingerechnet – kam bei dieser Verzögerung sofort ins Wanken. Selbstverständlich war alles von Anfang an sehr knapp kalkuliert. Aber schließlich hatte ich die Hälfte hinter mir. An ein Abklettern über diese zwei dünnen Aufschwünge war sowieso nicht zu denken. Ich mußte hinauf.

Kletterte also weiter. Trat vorsichtig anklopfend die Eisen ins Eis. Drückte sachte, so leicht als möglich, die Pickel an. Fast hakte ich sie nur in Unebenheiten hinein. Und überwand, Zeit und Ausgesetztheit, Abstieg und Dämmerung vergessend, voll auf jede einzelne Bewegung, jeden Schritt konzentriert, die beiden heiklen Zonen.

Der Wasserfall, an dem ich kletterte, war gut 300 Meter hoch. Er zählt zu den schwierigsten, die ich je bestiegen habe. Eine Seilschaft mit üblichen Sicherungsmethoden hätte entweder einen ganzen Tag gebraucht; oder sie wäre unterhalb der ersten dünnen Zehnmeterstelle umgedreht, hätte sich abgeseilt. In nur zehn Zentimeter dickem Eis ist es unmöglich, Eishaken oder Eisschrauben sicher zu setzen. Eine Faustregel sagt, bevor ein Wasserfall sicher zu begehen ist, sollte das Eis einen halben Meter dick sein.

Zweifellos war ich also sehr schnell unterwegs. Aber ich hatte mich verschätzt. Jetzt ließ sich die Tatsache nicht länger ignorieren: Es dämmerte, es war bald Nacht.

Trotzdem hatte noch größere Eile keinen Sinn. Im Rahmen meiner Fähigkeiten, der Tagesverfassung, meines Könnens, klettere ich sowieso immer so schnell wie möglich. Das ist selbstverständlich und ganz normal. Mit Rekordsucht oder bewußtem, gezieltem Geschwindigkeitsdenken hat das nichts zu tun. Es geht auch hier um die Sicherheit. Je weniger Zeit man in einer potentiellen Gefahr verbringt, desto geringer ist die Wahrscheinlichkeit, daß man ihr erliegt. Alle Extrembergsteiger müssen so denken.

Es hat jedenfalls keinen Sinn, sich wegen der Nacht und des unbekannten Abstiegs Sorgen zu machen, wenn einen der nächste halbe Meter, die nächste Bewegung, weil falsch ausgeführt, das Leben kosten kann. Dinge, Tatsachen, Umstände, die man nicht ändern kann, hinzunehmen, ist eines der obersten Gesetze. Sonst verliert man nur Zeit, vergeudet nur wertvolle Kraft. Beim Alleingehen ist das alles nicht so schwer. Vor allem gilt: heraus aus der Wand. Eine Nacht, selbst bei Minusgraden, übersteht man irgendwie. Einen Absturz aus 200 Metern nie.

Die letzten Absätze und Kanten lagen schließlich unter mir. Das Gelände öffnete sich und wurde weit. Immer noch glänzte es von allen Seiten ganz blank. Selbst im schummerigen Dämmerlicht war der ganze, sicherlich 70 Meter breite Bogen in wunderschönes, stufenförmiges Eis gefaßt. Überall fielen glatte, zehn, zwanzig Meter hohe Säulen herab – wie in einem Tempel. Dazwischen ging es fast unschwierig hinweg. Schade, daß es schon finster war. Ich ahnte schon mehr, als ich sah. Es war eine fantastische Kulisse.

Don Quixote, jetzt der Ritter von sehr trauriger Gestalt, hatte seine Arena.

Vom Schweiß, vom spritzenden Schmelzwasser seine leichte Kleidung klatschnaß. Die Pickel, Quixotes Schwerter, baumelten kraftlos an den Handgelenken. Sein Helm das Stirnband, das die Haare zusammenhielt. Naß wie alles andere. Als er endlich eine Hand frei hatte, streifte er es zurück, war müde, ging fast in die Knie, und ihm war kalt.

Im tiefen, nur geahnten Tal leuchtete kein Licht. Auf ziemlich langer Strecke gab es keine bewohnten Häuser. Niemand vermutete ihn hier oben. Unten, an der Straße, wartete Rosinante, der Gaul: sein nächstes Ziel. Der Mann von der Mancha war traurig. Wenn die Gefahr, die Spannung, das ritterliche Hochgefühl nachlassen, am Gipfel, nach überstandener Schlacht, stellte sich ihm die Sinnfrage. Die Riesen lagen alle da – besiegt, erschlagen, zuhauf. Das Werk des Mutes, des unerschrockenen Armes des Ritters von La Mancha. Die Unschuldigen und die Unterdrückten waren befreit. Und dankten es ihm wieder einmal nicht. Im Schlachtenlärm noch, im Dunkel, hatten sie sich schleunigst im Eise verdrückt.

Sein Ruhm würde sich mit sinnlosen Taten wie dieser nicht verbreiten. Wieder einmal, zum hundertsten Male, hatte keiner zugesehen. Nur die Gemsen gafften den einsamen Kämpfer an. Erschrocken schauten sie auf, und ein bißchen blöd. Gefühlskalt und ohne Interesse.

Sie wußten genau, er blieb nie lang.

So war es kein Wunder, daß dem Junker von der traurigen Gestalt dieses traurige Gefühl überkam. Selbst sein Mut und seine Kraft halfen dagegen nicht. Wozu war dies alles denn wirklich gut? Hätte seiner wenigstens die wunderbare Dulcinea von Toboso seiner geharrt! Warum harrte sie nicht ihres angeschlagenen, müden, frierenden, klatschnassen, siegreich (lebendig) aus der Schlacht hervorgegangenen Helden, umfing ihn mit liebenden, zärtlichen, verstehenden, verzeihenden Armen?

Ich überlegte kurz. Das Ende, besser: der Anfang des Wasserfalls war am Fuß eines riesigen, weiten, zum Grat hin geöffneten Hanges. Die Höhendifferenz bis zu diesem Kamm war – trotz der mich umfangenden Dunkelheit – mit 1.500 Metern nicht schlecht geschätzt. Auch war diese Strecke vom Auto aus schon gut einzusehen gewesen.

Das wäre die Möglichkeit gewesen: im knietiefen Schnee, ohne Stöcke, ohne Schier, in – bei diesen Verhältnissen – mindestens sechs Stunden bis auf den Grat zu kommen. Von dort über die unschwierige andere Seite in das nächste Tal hinab: abermals fünf Stunden. Ich war in den Hohen Tauern, im

Hochgebirge. Es konnte da höher oben, wegen der Schneebretter, gefährlich werden.

Zudem wäre dieser Weg jedenfalls ein ziemliches Martyrium geworden. Zu groß war da mein Selbstbewußtsein als Kletterer. Und ich war auch faul geworden. Und ich war ja zum Klettern hierher gekommen und nicht, um mich im Schnee stapfend irgendwohin irgendwoherum durchzuschlagen.

Es mußte eine direkte Abstiegsmöglichkeit geben. Selbst in diesem Gelände, bei all dem Schnee. Weil ich es wollte – selbst jetzt, in der Nacht.

So schwierig, ganz unmöglich konnte es nicht werden, daß ich mit meinen Pickeln, meinen Steigeisen nicht durchkam.

Immer sind in den Hohen Tauern die Talwände mit einzelnen Bäumen durchsetzt. Mit einem einzigen 40-Meter-Seil wäre der Abstieg wohl überhaupt kein Problem gewesen. Doch um beim Klettern Gewicht zu sparen, um größtmögliche Bewegungsfreiheit zu haben und vor allem auch, um erst gar nicht in Versuchung zu kommen, mich seiner zu bedienen, trage ich bei den Wasserfällen nie ein Seil mit. Also schlug ich mich nach links, wo es weniger steil war. Wenn überhaupt, dann gab es nur weiter taleinwärts eine Chance.

Bei dem spärlichen Licht waren vorerst die Bäume vereinzelte Anhaltspunkte. Wo kein Eis war, lag hier knietief der Schnee. Die Steigeisen ließ ich die ganze Zeit angeschnallt. Einen Pickel fest eingedrückt, einen Fuß vorausgestreckt scharrte ich nach festem Grund durch den pulverigen Schnee.

Manchmal stießen die Steigeisen wieder auf blankes Eis. Alle Rinnsale, alle Bäche waren ja gefroren. Vier- oder fünfmal konnte ich der einladenden Verlockung nicht widerstehen und kletterte tastend, die Pickel kraftraubend doppelt fest einschlagend, diesen schmalen Rinnen nach. Ich sah fast nichts, nicht einmal die eigenen Beine. Das von der ständigen Anspannung überlastete Gehirn gab abgestumpft automatische Befehle an den Körper. Wieder und wieder stießen die Füße zu. Jedesmal gab es ein scharrendes, kratzendes Geräusch. Stahl auf Eis. Nach ein paar Stößen ließ ich mich angespannt eine kurze Strecke tiefer sinken, die Belastung auf den einen Fuß. Wären die Zacken der Steigeisen nicht fest genug verankert gewesen, die Pickel hätten mich noch immer gehalten. Dennoch geschah es einige grauenhafte Male, da rutschten die Eisen doch ein paar Zentimeter tief ab. In diesen Augenblicken, in diesen Bruchteilen von Sekunden, fuhr es mir wie bei einem Absturz ins Herz. Jedesmal war es ein kleiner Tod. Der Schreck lähmte die Nerven. Er verkrampfte den Körper; Gott sei Dank, der reagierte nicht, hielt mich eisern fest. Äußerlich hätte man mir dieses blitzartige Sterben wohl kaum angesehen. Wieder mit festem Halt, rührte ich mich nicht. Der Schock brauchte mehrere Atemzüge, bis er sich legte. Dann setzte der Herzschlag wieder ein, raste gequält den verlorenen Sekunden nach, und schließlich beruhigte ich mich. Ich wagte wieder, mich zu bewegen, stieg weiter ab.

Es waren qualvolle Stunden. Meine zunehmende Erschöpfung, der immer aufs neue ausbrechende Schweiß, die Kälte, die Nacht. Dazu die ständig enttäuschte Hoffnung. Denn immer brachen diese Rinnen unvermittelt ab. Plötzlich stieß der vorfühlende, in der Finsternis unsichtbare Fuß ins Leere, oder er scharrte auf Stein. Dann mußte ich umkehren. Die Gefahr, an einen frei hängenden Eiszapfen zu geraten, der im Nichts endete, war groß. Um in diesem Fall den Einstiegspunkt wieder zu finden, zählte ich die Schritte. Jedesmal fünfzig, hundert kräfteraubende, nervenaufreibende Schritte.

So ging es stundenlang. Hinauf, hinunter, wieder zurück. Auf Eis, im Schnee, auf steilsten Grashängen, an Felsen vorbei. An einzelnen Bäumen ließ ich mich hinab.

Noch nie hatte ich einen derartigen Abstieg erlebt. Erst ein Jahr später, in Patagonien, nach dem Alleingang von Fitz Roy, war es noch schlimmer. In diesen Stunden haßte ich das Eisklettern, so sinnlos, so zwecklos erschien mir diese Mühe. Das war nicht ein Erfolg auf der Eiger-Nordwand, wie er eines Profis würdig gewesen wäre, aber ich war viel länger unterwegs. Angesichts dieser Zeitverschwendung war Don Quixote ein eiskalter, nüchterner Realist.

Nach neun Uhr erreichte ich endlich die vereiste Wiese. Meinen schwarzen Wagen fand ich bei der Dunkelheit nur sehr schwer. Er stand nach gut zwei Kilometern, diesmal talauswärts, an der Straße. So weit hatte mich die Odyssee des Abstiegs nach links getrieben!

Ungefähr zwei Wochen später geriet ich in eine ähnliche Lage. Davon will ich nur kurz erzählen:

In einem kurzen Seitental in der Umgebung von Böckstein bei Gastein fand ich eine fantastische Kaskade. Es handelte sich um einen so gut wie senkrechten, kompakten, stufenlosen Schlauch, gut hundert Meter hoch.

Beim ersten Versuch spielten meine Nerven nicht mit. Bis zum Ausstieg fehlten noch knapp zwanzig Meter, da verließ mich der Mut. Die ganze Zeit war das Eis sehr splittrig und spröde gewesen. Es war so absatzlos und haltlos glatt, daß sich keine einzige auch nur fußbreite Stufe fand. Eine Stunde schon hatte ich bis zum endgültigen Umkehrpunkt gebraucht. Meine Wadenmuskeln, die Arme und Hände waren, auch von der Kälte, völlig verkrampft. Ich gab auf und kletterte ab.

Dann kam die ISPO, die Sportartikelmesse in München, und zwei Tage lang war es Zeit für Geschäfte, vertragliche Verpflichtungen, Abendessen im dunklen Gewand.

In den Bergen, zweihundert Kilometer entfernt, hatte sich mittlerweile das Wetter verschlechtert. Es schneite, und über die Hochflächen tobte der Sturm. Am dritten Tag, gegen Mittag, kam ich wieder. Knietief lag frischer pulveriger Schnee. Vom Ende der Straße marschiert man bei solchen Verhältnissen ohne Schier eine Stunde lang. Die Gipfel waren von Sturmfahnen verdeckt. Je näher ich zum Fuß des Wasserfalls kam, desto tiefer sank ich ein. Immer wieder öffneten sich blitzschnell züngelnd lautlos zackige Risse in der Schneedecke, brachen Platten lockeren Schnees, kleinen Schneebrettern gleich, kubikmeterweise ab.

Es war keineswegs der richtige Tag, um in die Berge zu gehen. Aber mich trieb es ja nicht in verschneites Gelände. Senkrechtes Eis war mein Ziel, dort hielt sich der Schnee nicht. Zumindest glaubte ich das.

Das Eis war immer noch nicht optimal, aber es hielt. Meine Nerven waren diesmal vorbereitet auf die unheimliche Ausgesetztheit hier und auf die so ungewöhnlich lange Steilstrecke. Den Abschluß der Kaskade bildeten zwei senkrechte halbmeterdicke Säulen. Dazwischen war nur morsches und dünnes, unbrauchbares Eis. Wollte ich nicht wieder scheitern, so gab es nur eine einzige Möglichkeit: die Beine gespreizt, ein Steigeisen, ein Pickel links, das andere Steigeisen-Pickel-Paar rechts und ohne viel zu zögern und lange zu überlegen so schnell es ging hinaufklettern.

Immer wieder hüllten mich leichte Pulverschneelawinen ein. Es war diesig und nebelig. Dieses schlechte und die Konturen verwischende Licht ließ den Talgrund verschwinden und verstärkte den Eindruck der bodenlosen Tiefe.

Da steckte plötzlich ein Eisklotz von Angst in meinem Magen. Die letzten Meter waren unglaublich steil. Die Tiefe zehrte an meinen Nerven wie immer. Daran gewöhnt man sich offenbar nie. Pulverschneerutschen raubten mir immer öfter den Atem. Ich hing senkrecht an den Pickeln und wußte, ich durfte nicht zu lange und nicht zu viel denken.

Hinauf, oder noch einmal, schon wieder, hinunter? Es ist schwer zu sagen, von welcher Energie angetrieben man in derartigen Situationen weitergeht. Irgendeine Kraft aus meinem Inneren riß mich hinauf. Ich spreizte los.

Mein Denken, der Abgrund, die Lawinen, die ganze Welt versank, und ich trug meinen Eisklotz bis an die äußerste Kante hinauf. Schob mich anschließend, das ist immer der allergefährlichste Augenblick, die Pickel, den Schwerpunkt, ganz tief, auf Höhe der Brust, dann des Bauches, mit dem Oberkörper über die Kuppe; riß blitzschnell, bevor mich die Schwerkraft zurückkippte, einen Pickel heraus und trieb ihn in den Schnee. Zog zweimal an, stieß die Beine nach und hatte, vorerst, den Wasserfall überwunden.

Doch hier erst, und das war auf den ersten Blick zu erkennen, begann das eigentliche Problem: Das gesamte Bachbett war mit trügerischem Treibschnee gefüllt. Ein falscher Schritt, und die ganze Spannung, unter der dieser lockere, angewehte Schnee steht, konnte bersten. Er würde lautlos einreißen, wie unten in kleinerem Maßstab schon, und kubikmeterweise wegsacken. Ich stünde chancenlos, ohne Halt, den rutschenden Schneemassen im Weg.

Der erste Gedanke war: nichts wie weg. Daß eine Lawine kam, schien mir nur eine Frage der Zeit. Unten am Einstieg von den Verhältnissen, den deutlichen Zeichen schon gewarnt, hätte ich auf die Gestalt des Geländes hier oben schließen müssen. Aber ich hatte falsch oder gar nicht kombiniert, nur die extreme Schwierigkeit des Eises vor Augen gehabt, und so war ich von der Menge und der Gefährlichkeit des Schnees hier oben völlig überrascht.

Ich drehte mich um und setzte zum Abklettern an. Doch das Nichts des Abgrunds, die Nebel, die das ganze Tal ausfüllten, trieben mir wie mit einem Schlag wieder den Eisklotz von Angst in den Magen. Dreimal hatte ich schon den einen Fuß wieder ins Eis gesetzt, Gesicht zur Wand, Pickel fest eingerammt. Zwischen den Beinen hindurch sah ich nur Nichts. Und ich getraute mich nicht. Mein Verstand half da nicht. Die logische Einsicht, daß ich, wo ich heraufgekommen war, auch wieder absteigen konnte, zumal im Eis, wo ich das Abklettern wochenlang trainiert hatte, half nicht. Da war eine unüberwindliche Schranke. Ich wagte es nicht. Mir fehlte ganz einfach der Mut.

Also in die Lawinengefahr hinauf, in den grundlos werdenden Schnee. Zwar wäre es auch hier sicherlich wieder querfeldein, wie vor zwei Wochen, ins Tal gegangen. Aber heute und hier war dieser Weg wegen der Schneebretter versperrt, das Risiko viel zu groß. Ich hatte mich an die Begrenzung des Bachbettes zu halten. Rammte Arme und Pickel so gut und tief es ging ein, um wenigstens einen – lächerlichen, eingebildeten – Halt zu haben, falls doch ein Schneerutsch kommen sollte, und stapfte – watete, schwamm – bis zum Bauch im Schnee zu den nächsten mich vorerst schützenden Felsen hinauf.

Mit einem Seil hätte ich auch hier wieder leichtes Spiel gehabt, denn Bäume

Hundertvierzig *Kilometer von Monte Carlo entfernt findet man das schönste Klettergebiet Europas in den Alpes de Haute-Provence. Es wird das „Yosemite des kleinen Mannes" genannt, weil es leicht zu erreichen ist und man dort billig leben kann. Das weiße Magnesiumpulver hält bei der meist herrschenden großen Hitze in den dreihundert Meter hohen Kalkwänden die Finger trocken.*

„Rêve de Fer" *– Ein Traum aus Eisen, heißt diese wunderschöne Route – eine von hunderten, die durch die Verdonschlucht führen. Dietmar Sochor hat das Foto mit einem 500-mm-Teleobjektiv gemacht.*

Volle · Konzentration beim Sportklettern am „Narrenspiegel" (Mirroir du Fou). Hier können gefahrlos physische Grenzen überschritten werden. Brüchige Griffe gibt es kaum, und wie überall im Verdon und in den anderen „Klettergärten" an der Côte d'Azur sind die Routen mit perfekten Bohrhaken optimal abgesichert. Mit richtigem Bergsteigen hat dieses Klettern freilich kaum etwas zu tun.

Was gibt es heute zum Abendessen? Wohlschmeckend und einfach zuzubereiten sind die Hauptnahrungsmittel: Spaghetti in allen Variationen und Salat.

wuchsen vereinzelt bis hinunter ins Tal. Das gab auch einen halbwegs lawi-
nensicheren Weg auf das Plateau in Fallinie der Bäume. Von ihnen konnte
keine allzu große Lawine ausgehen. Dann dieses Plateau gequert, ungefähr
zwei Kilometer weiter bis zum Ende eines anderen, weniger schwierigen,
aber höheren Wasserfalls, den ich schon einmal bestiegen hatte. Dort, im Eis,
würde die Gefahr zu Ende sein.

Das tat ich dann auch. Der Weg kostete mich fünf Stunden. Im Flachen
oben lag Schnee bis in Bauchhöhe, im Steilen reichte er bis zur Brust. Der
Sturm fegte ungehindert über die Hochfläche und vereiste mein verschwitz-
tes Gesicht. Wieder hatte Jammern keinen Sinn. Wasserfall oder Schnee, ich
hatte mich entschieden.

Diese Erfahrungen an den Wasserfällen waren sehr lehrreich. Ich merkte
sie mir, jeweils mit einem blauen Auge davongekommen, jedenfalls sehr gut.
Meine Erlebnisse glichen ein wenig den ersten wilden Unternehmungen am
Heukareck. Das war vor zehn Jahren gewesen! Was die Schwierigkeit anbelangt, so hinkt freilich jeder Vergleich. Aber heute wie damals und wie so
viele andere Male auch hatte ich eine gewisse Grenze erreicht. Am Seil und
mit Kameraden war das in all den Jahren nur dreimal passiert.

Mit Partnern am Seil

Mit Partnern am Seil

Ich bin am Berg am liebsten allein auf mich gestellt, ohne den Rückhalt, den Seil und Partner bieten. Aber ich kenne das Klettern zu zweit in Seilschaft: So groß ist der Unterschied nicht. Sehr früh schon habe ich herausbekommen, daß ich allein am stärksten bin.

Gleich bei der ersten Tour in einer richtigen Wand wurde mir eine der wichtigsten Berglektionen eindrucksvoll und nachhaltig erteilt: Klettern muß man selbst, auch in Seilschaft. Kein Mensch, auch nicht der stärkste Bergführer, kann einen ziehen. Nur der eigene Wille entscheidet.

Heimatlicher Hochthron

Es war meine erste extreme Klettertour überhaupt. Zum zweiten Male hatte ich einen erfahrenen Mann gefunden, der mich ans Seil band. Walter Flachberger, einen Bergführer aus St. Johann. Er nahm mich ins nahe Tennengebirge mit, auf den Hochthron. Die Route wurde damals noch mit dem VI. Schwierigkeitsgrad bewertet. Man kletterte teilweise mit Steigleitern. Da gab es Risse, Platten, kleine Käntchen, Quergänge, allerhand extremes Gelände, wie ich es noch nie erlebt hatte. Nach hundert Metern krümmten sich mir durch die ungewohnte Anstrengung die Finger in Krämpfen. Das war sehr schmerzhaft, und die Hand wurde völlig unbrauchbar. Walter, am anderen Ende des Seils, konnte mir nicht helfen. Ich mußte daher selber sehen, wie ich zurechtkam. Ich fand auch eine Möglichkeit, die Krämpfe kurzzeitig zu lösen: Hielt mich mit einer Hand, steckte die andere, verkrampfte, in den Mund, bog die gekrümmten Finger auf, setzte sie blitzschnell, ehe noch der Krampf aufs neue einsetzte, auf den vorgesehenen Griff. Die Unterarmmuskeln zogen sich gleich wieder zusammen, doch, einmal in einem Griff, hielten die Finger selbst im Krampf. Es waren häßliche Stunden in dieser Wand. Extremes Klettern hatte ich mir anders, heroischer, spannender vorgestellt, aber bestimmt nicht dermaßen schmerzhaft.

Ein Rückzug war ausgeschlossen, Abseilen unmöglich. Wir hatten uns mit der Route durch zwei lange Quergänge, die bergab nicht zu bewältigen waren, diese Möglichkeit versperrt. Die Krämpfe, schien mir, wollten mir die Unterarme zerreißen. Ich schrie vor Schmerz, weinte fast. Aber Klagen brachte mich nicht vom Fleck. Also mußte ich weiterklettern, gleich wie. Damals war ich gerade vierzehn.

Der längste Tag des Gymnasiasten

Ein Jahr später war es wieder soweit. Diesmal ging es ins Eis. Im Fels hatte ich mich sehr gesteigert, schwierigste Touren stieg ich als Seilerster voran. Aber Steigeisen waren mir nur von einer Großglockner-Besteigung drei Jahre zuvor bekannt. Jetzt wollte ich endlich in die Westalpen, ins steile Eis.

Durch Zufall lernte ich Rupert Pirchl kennen, einen erfahrenen, bärenstarken Mann. Mit ihm zusammen ging es ins Montblanc-Gebiet. Die Nordwand der Les Courtes war unser erstes Ziel zum „Eingehen". Meine Ausrüstung für diese Tour war nagelneu und unerprobt. Im Vergleich zu dem Material, das uns heute zur Verfügung steht, waren die Pickel und Steigeisen damals antiquiert. Winterliches Wasserfalltraining kannte man noch nicht. So zählte damals die Courtes-Nordwand mit ihren 800 Metern zu den schwierigsten reinen Eistouren in den Alpen.

Die Mächtigkeit der Wände im Argentiere-Kessel hatte mich schon beim Anmarsch am Vortag bedrückt: Aiguille Verte, ein Viertausender, Nordwand; 1.000 Meter Gletscherbrüche und Eis; Les Droites, ein Viertausender, Nordwand; 1.000 Meter Fels und Eis gemischt, das Wildeste, was es in dieser Beziehung in den Alpen gab – von ihnen werde ich noch erzählen; dann Les Courtes, reines Eis, und noch weiter hinten, im innersten Winkel des Tales, die Nordwand der Aiguille du Triolet, 850 Meter reines Eis. Sie dürfte eine der schönsten, elegantesten unter den reinen Eiswänden in den Alpen sein. Ich bestieg sie zwei Jahre später mit meinem alpinen Lehrmeister Paul Gschwandl. An diesem Julitag 1977 jedenfalls sah ich nur die gefährlichsten, schauerlichsten Wandfluchten um mich. Mir war auf einmal sehr unheimlich. Meine Erfahrungen im Fels, das wurde mir plötzlich deutlich bewußt, zählten hier so gut wie nichts. Hier ging es um echtes, beinhartes Extrembergsteigen. Davon konnte ein Fünfzehnjähriger keine Ahnung haben. Dazu war er viel zu jung, waren seine Psyche, seine Moral viel zu wenig gefestigt. Zudem hatte ich Rupert Pirchl, um ihn nicht auf den Gedanken zu bringen, daß ich für eine derartige Unternehmung ein ungenügender Partner sei, von meiner Unerfahrenheit im Eis kein Sterbenswörtchen gesagt...

Selbstverständlich machte ich vor Aufregung während der kurzen Nachtruhe kein Auge zu. Schreckensvisionen plagten mich – und leider zu Recht! Um Mitternacht schon wurde gefrühstückt, dann ging es auf den Gletscher hinaus. Gott sei Dank sah ich zuerst nur Schwärze. Die Wand war nur zu ahnen. Winzig, unendlich fern, bewegten sich einige Extrembergsteiger, die wie wir unterwegs waren, im Schein ihrer Stirnlampen als punktförmige Lichterpaare auf die Wände zu.

Wir kamen noch im Finstern am Einstieg an. Eine Gruppe von Franzosen war schon vor uns da. Sie kletterten sehr geübt und waren viel schneller als wir. Wir haben sie erst gute siebzehn Stunden später, in der nächsten Nacht, am Gletscher gefunden. Halb erschlagen und fürchterlich zugerichtet schleppten sie sich auf die Hütte zu. Ihre Schnelligkeit war ihnen zum Verhängnis geworden. Sie mußten gerade zur Mittagszeit die 800 Meter lange Abstiegsflanke bewältigen. Die Sonnenwärme löste eine Naßschneelawine aus. Sie wurden 400 Meter tief mitgerissen. Also hatte Rupert Pirchl Glück gehabt, daß ich so langsam war.

Anfangs kletterten wir in Wechselführung. Das heißt, erst ging er eine ganze Seillänge voraus, vierzig Meter also, und richtete einen Standplatz ein; ich stieg gesichert nach und kletterte meinerseits als erster vierzig Meter voraus. Bei gleichwertigen Partnern ist das so üblich und allgemeiner Brauch.

Am Standplatz mußte ich eine Standstufe hauen und zwei Eisschrauben setzen. Das war nicht so einfach wie im Felsen, schien mir. Damals gab es die beschriebenen Eishaken, die man einschlägt und dann einfach herausdreht, noch nicht. Die, die ich damals setzte, hielten wohl kaum einem Blick stand. Ich wagte kaum, sie auch nur durch mein Körpergewicht zu belasten. Einen Sturz hätten sie nie aufgefangen. Pirchl war also fast so ungesichert wie bei einem Alleingang. Aber er zeigte keine Unsicherheit oder Zweifel, und er wußte es ja nicht. Dafür raubte mir an der Schlüsselstelle, einem 80 Meter langen, besonders steilen Stück, die Angst fast den Verstand.

Das Eis hatte hier einen Neigungswinkel von 65 Grad. Bei dieser Steilheit wäre es eigentlich kein Problem, die Steigeisen voll zu belasten. Die Pickel müßte man nur zur Stabilisierung des Gleichgewichtes benützen. Aber ich verkrampfte mich völlig und zog mich, vom Klettern das Festhalten und Hochziehen gewöhnt, die ganze Strecke an den Pickeln hoch.

Es war schon später Vormittag. Trotz der Nordlage der Wand schien die Sonne schon seit zwei Stunden. Es war auf einmal sehr heiß. Mein Rucksack war gerammelt voll und sehr schwer. Beeindruckt von dem Ruf der Westalpen, gewarnt von vielen Tragödien im Montblanc-Gebiet und vor allem, weil dies hier angeblich eine – eisig kalte – Nordwand war, hatte ich mich sehr dick angezogen. Ich schwitzte erbärmlich. In Strömen quoll der Schweiß unter meinem Helm hervor. Die Gletscherbrillen beschlugen sich hoffnungslos. Ich sah fast nichts mehr. Ich hatte die Gurte schlecht angelegt – am Einstieg, in der Nacht –, und sie schnürten mir die Brust ein und drückten mir die Luft ab.

Unbeholfen, schwitzend, fast blind war ich außer mir vor Angst. Wir waren viel zu hoch. Hilf mir! Bitte. Hilf mir, wollte ich schreien. Aber ich sagte es nicht. Ich heulte auch nicht. Ich fühlte mich nur bis in die innerste Seele dieser scheußlichen Wand, der Hitze, dem Eis, der Tiefe ausgeliefert.

Zu allem Überfluß lösten sich die Schrauben eines Steigeisens, und es fiel in die Tiefe. Nicht in den Fingern, in den Schultern, in den Waden setzten diesmal die Krämpfe ein. Doch der Knoten war gut, und Rupert hielt mich sehr fest. Hielt mich gegen meinen Willen, ich wollte nur noch heraus aus dieser idiotischen Wand. Vom Bergsteigen hatte ich wieder einmal gründlich genug. Ich wollte nicht noch weiter hinauf, diesem sinnlosen Gipfel zu, der mir völlig gleichgültig geworden war. Was sollte ich da oben? Überall sonst wollte ich eher sein. Sogar zu Hause, beim Lernen für meine Nachprüfungen in Mathematik und Latein.

Doch wir hatten keine Wahl. Es war Mittag geworden; Steine prasselten pausenlos neben uns nieder; armdicke Schmelzwasserbäche spülten über die Wand. Jetzt befanden wir uns ernstlich in Gefahr und mußten hinauf. Meine fünfzehn Jahre verschafften mir keine mildernden Umstände. Der Berg, die Gefahr, das Leben, der Wunsch zu überleben zwangen mich weiterzuklettern. Ehrgeiz war da nicht mehr im Spiel.

Notgedrungen hielten wir uns an die Felsen. Dort war der Steinschlag nicht so dicht, und ich kam ohne Steigeisen besser voran. Zwölf Stunden waren wir unterwegs, die Hütte schon winzig klein, fast unerkennbar. Trotzdem lag die halbe Wand noch vor uns. In der Dämmerung erreichten wir endlich einen Schneegrat, der sich in perfektem Bogen zum Gipfel zog. Schritt für Schritt quälte ich mich weiter.

Irgendwann kamen wir doch oben an. Für Fotos war es fast zu spät. Ich hockte mich hin, ein Bein links, nach Norden, die Wand hinunter, das andere rechts, in Richtung zum fantastischen, nur mehr erahnbaren Montblanc. Das war der höchste Punkt. Der gigantische Umweg des Aufstiegs war vorbei. Jetzt ging es in ziemlich gerader Linie in die Sicherheit, nach Hause, 800 Meter über die Flanke der Courtes.

Aber Rupert Pirchl kannte diesen Weg nicht, und in der Dunkelheit verirrten wir uns. Wir gerieten in die Nordostwand, steiler und höher als die Pallavicinirinne am Großglockner, und kletterten diese notgedrungen ab. Wir schafften es. Auch *ich* schaffte es. Nach insgesamt fast vierundzwanzig Stunden waren wir wieder bei der Hütte. Die zwei abgestürzten Franzosen kamen gleichzeitig mit uns an. Es war Mitternacht, und ich war der älteste Fünfzehnjährige auf der Welt.

Ein Freund

Noch einen dritten Tag in Seilschaft gab es, den ich nie vergessen werde. Wieder war aus einem unserer Pläne eine Vierundzwanzig-Stunden-Tour geworden. Diesmal aber trug weder ich Schuld noch mein Partner. Es lag einfach an den extremen Verhältnissen. Die Wand zählt zu den schwierigsten überhaupt. Im Februar 1982 nämlich nahmen Reinhard Schiestl und ich die bereits erwähnte Nordwand der Droites, den rechten Nachbar der Courtes, in Angriff.

Reinhard Schiestl und ich hatten uns damals mit einer Gruppe von Extrembergsteigern zusammengetan. Mit Luggi Rieser, der ein Anhänger der Baghwan-Sekte geworden ist und heute Prem Darshano heißt, Heinz Mariacher, der damals noch im Gebirge kletterte und heute ein ausschließlich schwierigkeitsorientierter Sportkletterer ist, und noch einigen anderen Freunden aus Tirol. Ich war der einzige aus Salzburg. Dort gab es zu meiner Zeit kaum extreme junge Kletterer. Wenigstens kannte ich keine, und wie es heute ist, weiß ich nicht.

Wir lasen alle viel, kletterten bis zur Erschöpfung, publizierten, fantasierten auch von Büchern, die wir alle einmal schreiben wollten. Keiner hatte viel Geld, und ich als einziger besaß nicht einmal einen Wagen. Meine Einkünfte reichten gerade für die Miete in Florenz – meinem damaligen Wohnsitz – und für die billigen Zugfahrten, die ich haßte. Auf den vielen Reisen schlief ich stets im Schlafsack.

Meine Freundschaft zu Reinhard Schiestl ist ein eigenes Kapitel. Reinhard ist fünf Jahre älter als ich. Er ist Sonderschullehrer und unterrichtet seit mehr als vier Jahren in einem winzigen Ort im Ötztal. Er ist Innsbrucker und in meinen Augen der leistungsstärkste deutschsprachige Allroundbergsteiger. Nicht sehr groß, unheimlich drahtig, fast mager und leicht, ist er ein perfekter Sportkletterer und im kombinierten Gelände ebenfalls sehr routiniert.

Wir kannten uns vom Sommer, von den Dolomiten her. Später, im September, hatten wir zusammen die dritte Begehung der berüchtigten „Charlie-Chaplin"-Führe in der Laliderer-Nordwand gemacht. Drei oder vier Tage vor unserem Droites-Erlebnis gelang uns zusammen mit dem Innsbrucker Kurt Schoiswohl die erste seilfreie und gemeinsame Winterbegehung der Ortler-Nordwand in vier Stunden.

Reinhard war damals in Bergsteigerkreisen bekannter als ich. Er hatte vor allem mit seinen Erstbegehungen in der Marmolada-Südwand und seinen Publikationen darüber Aufsehen erregt. Aber er schreibt nicht sehr oft und dann auch nie viel. Gelegentlich findet man verstreut Gedanken von ihm gedruckt – meist in Gedichtform. Ich bin von der Tiefe dieser Zeilen immer ganz eigen berührt und fast beschämt.

Damals verband uns viel, wir waren Freunde. Aber seither haben sich vor allem wohl geistig unsere Wege getrennt. Reinhard hat sein ganzes Leben in Tirol verbracht. Dort fühlt er sich zu Hause, und es scheint ihn kaum fortzuziehen. Ich aber bin das Reisen, die Fremde, das Aufbrechen, das Entdecken von Neuem schon von Kind her gewohnt. Vielleicht ist das ein Erbe meiner Mutter. Sie hat zwei Jahre in Spanien und jeweils eines in England, in Hamburg und in Italien gelebt. Ich selbst wurde mit neun ins englische Cornwall ins Internat geschickt. Dann kamen gleich nach der Matura die russische Bergreise, zweieinhalb Jahre in Florenz und jetzt seit eineinhalb Jahren schon Monte Carlo und das Meer. Das bedeutet: ständig andere Eindrücke, andere Menschen. Jeden Tag neue Erfahrungen und, damit verbunden – neue, unerwartete Fehler. Fast täglich muß ich in fremder Umgebung aufs neue bestehen und mich behaupten. Das hat mich innerlich verändert. Viel habe ich mit dem Neunzehnjährigen, der ich damals an der Les Droites war, nicht mehr gemein. Dabei entspricht das Leben, das ich führe, eigentlich nicht meiner inneren Natur. Ich bin ein bequemer Mensch; am liebsten würde ich mich nicht von der Seite meiner Freundin rühren. Aber das hieße doch: der Herausforderung feige aus dem Wege gehen, hieße doch letztlich nicht leben, lebendig tot sein. Ich muß mich stellen. Und so bin ich unterwegs und bleibe in Bewegung. Diese so verschiedenen Erfahrungen haben Reinhard und mich entfremdet. Ich habe ihn auch mehr als zwei Jahre lang nicht gesehen. Erst vor kurzem haben wir uns für eine Stunde getroffen. Aber ich saß einem Fremden gegenüber, dessen Sprache ich nicht mehr spreche und der auch die meine wohl kaum versteht.

Doch im Februar 1982, vor vier Jahren, waren wir ein perfektes Team an der Droites: Diesmal ging es bei Eiseskälte, wie gewöhnlich mitten in der Nacht, auf den Gletscher hinaus. Zwei Stunden in vom Wind verwehten Spuren hinüber zur Wand. Es war stockdunkel. Ich hatte, vor Aufregung wohl, Durchfall. Das war mit meiner Latzhose, den Klettergurten, der Kälte und dem Wind ein zeitraubendes, fast unüberwindliches Problem. Reinhard war der flinkere Kletterer, also hatten wir uns auf folgende Arbeitsteilung geeinigt: Er trug neben seinen Pickeln nur das eine, unser einziges Seil und sollte die Schlüsselstelle, die 400 Meter hohe Felswand am Ende der Route, als Führender durchsteigen. Die unteren 600 Meter, einen riesigen, sehr steilen Eisschild, wollten wir zusammen klettern – wie am Ortler erprobt –, ungesichert, in der Nacht. Unser Plan war auf absoluter Schnelligkeit aufgebaut. Man veranschlagt im Sommer, unter normalen Verhältnissen, vierzehn bis zwanzig Stunden für die Tour. Die meisten biwakieren. Wir aber hatten erstens nur ein Seil, wodurch der Rückzug fast ausgeschlossen war; und zweitens trugen wir weder Gaskocher noch Schlafsäcke oder Daunenkleidung für eine eventuelle Übernachtung mit.

Den Rucksack mit dem Nötigsten – Reservehandschuhen, Proviant, Pullovern, der schweren großväterlichen Leica, Sturmhauben und Brillen –, die Haken, die Eisschrauben und Schlingen trug ich. Denn ich war größer und hatte die stärkere Kondition.

Wir waren also zu zweit, zwei gleichwertige Partner mit abgegrenzten Kompetenzen, und ich hatte mich ganz auf Reinhards Gegenwart eingestellt.

Am Einstieg angekommen aber, ich verrichtete gerade zum dritten Mal hinter einer Ecke ein dringendes Geschäft, zog Reinhard plötzlich davon. Wie ein Wiesel glitt er die senkrechte, überhängende Randkluft, mit der der Gletscher in die Wand übergeht, hoch.

Verblüfft blieb ich mit einer Gruppe von drei Italienern zurück, die sich schon seit über einer Stunde vergeblich mühten, mit ihren riesigen Rucksäcken diese heikle Stelle zu überwinden. Sie sollten später auch aufgeben. Reinhard war weg, weg mit dem Seil, und ich stand auf einmal allein da. Die Italiener, die ich aus dem Klettergarten aus Florenz kannte, waren mir kein besonderer Trost. Jetzt war es an mir, im begrenzten Schein der Stirnlampe den die Randkluft abschließenden Schneeüberhang zu bewältigen – und zwar *mit* unserem Rucksack. In schon zwanzig Meter Höhe, mit meinem langen Oberkörper, vom Gewicht des Rucksacks nach außen gedrängt, schaffte ich es nicht auf Anhieb. Dreimal setzte ich zum Durchbruch an, doch im letzten Moment wagte ich es doch nicht. Der Überhang bestand nur aus gepreßtem Schnee, und es war zu befürchten, daß er unter meinem Gewicht brach. Das hätte einen zwanzig Meter tiefen Sturz bedeutet. Ich bekam Angst. Auf eine solche Situation war ich nicht gefaßt. Dies war ja kein Alleingang. Das Risiko eines Absturzes einzugehen, wenn der Partner mit dem Seil schon oben war, schien mir völlig unnötig. Schließlich hatten wir unsere Kompetenzen klar abgesprochen.

In Seilschaft, zumal mit einem Partner wie Reinhard Schiestl, verlasse ich mich als bequemer Mensch gern auf die Sicherheit, die die Gegenwart des anderen darstellt. Deshalb bin ich zu zweit nur halb so gut, traue mir wenig zu und fürchte mich gleich.

Das ist einer der Gründe, warum ich die Alleingänge suche. Da ist mir diese Möglichkeit von vornherein verwehrt. Alle Kräfte und Fähigkeiten müssen bis zum äußersten Maß mobilisiert, jede auch noch so unvorhergesehene Situation muß ohne äußere Hilfe gemeistert werden.

Jetzt aber wollte ich Hilfe. Unter den Überhang gekauert, schrie ich nach Reinhard. Und ich schrie oft und mit aller Kraft. Er aber gab keine Antwort. Nur von oben wehte mir der Wind leise sirrend eisige kleine Pulverschneelawinen in den Nacken und ins Gesicht. Er war weitergeklettert, immer weiter, durchs Eis, den ganzen Schild, die Wand hinauf. Ich hatte vorübergehend das Nachsehen. Für ihn war es einer dieser seltenen Tage, an denen man unschlagbar und unerreicht ist. In einer solchen Hochstimmung vergißt er leicht den Partner, ist sich selbst genug. Damals im Karwendel, in der „Charlie-Chaplin"-Wand, hatte ich ihn ganz anders erlebt. Aber heute war er motiviert, wie ich selbst es nur bei schwierigsten Alleingängen sein kann, in Seilschaft hingegen nie.

Natürlich war es ihm gar nicht in den Sinn gekommen, daß die Randkluft für mich ein Problem darstellen könnte. Diese Passage war ihm – ohne Rucksack – kaum aufgefallen.

Er würde also nicht kommen, das wurde mir irgendwann klar. So blieb mir keine andere Wahl, als einen vierten Anlauf zu nehmen.

Erst nach zwei Stunden holte ich ihn ein. Verwundert über meine Verspätung wartete er nach fünfhundert Metern steilster Nacht-Eiskletterei.

Für den Rest des Tages blieben wir zusammen. Zwei Seillängen unterhalb der abschließenden vierhundert Meter hohen Felsbarriere: senkrecht, pechschwarz, drohend, vereist – seilten wir uns an. Mir war alles andere als wohl. Es war für mich ein pausenloser Kampf gegen den Durchfall. Das war bei der ständigen physischen Höchstanstrengung besonders schlimm. Erst in den letzten hundert Metern fand sich wieder ein geeigneter Platz...

Dann hatte mich das Alleingehen in der Finsternis, das schreckliche Gefühl des Ausgeliefert-Seins viel an psychischer Substanz gekostet. Die Droites-Nordwand war, seit ich an alpine Ziele denken konnte, eine meiner Angstwände. Und schließlich hatten wir nur ein Seil, und der Himmel war bedeckt. Hier im Winter zu klettern, bei dieser höllischen Kälte, mit so lächerlich wenig Ausrüstung, war mit Abstand das Extremste, was man in den Alpen unternehmen konnte. Trotz des unbeirrt kletternden Reinhard hatte ich ganz einfach Angst. Wo waren nur meine sonst doch nicht so schwachen Nerven? Wo war meine Moral? Aber es gelang mir, wenigstens ein guter Seilzweiter zu sein. Ich sicherte ihn perfekt. Fast alle Haken, die er schlug, trieb ich anschließend wieder heraus. Beim Nachsteigen ließ ich allerdings alle ungeschriebenen, sonst so ehernen Gesetze der Ästhetik außer acht. Ohne Hemmungen, wenn es sein mußte mit Ellbogen und Knien, kämpfte ich mich, so schnell es mit dem schweren Rucksack ging, meinem Partner nach. Er als erster mußte langsam und vorsichtig, ohne ein Risiko einzugehen, klettern. Ich, von ihm gesichert, holte die Zeit.

Wir redeten kaum. Manchmal, wenn er doch zögerte, sprach ich ihm Mut zu, sprach ich offen meine Bewunderung aus. Er war der beste Kletterer der Welt. Er fürchtete sich nicht, hatte die Situation fest und sicher in der Hand. Meine Komplimente fing er wie nebenbei auf, und sie spornten ihn noch mehr an. Sonst gab es nur die Seilkommandos und seine Flüche, wenn der Fels vereist und fast ungangbar war.

Reinhard hatte nur am Beginn der Felsbarriere ein arges Problem. Vor fünf Jahren waren die herrlich leichten und doch auch warmen Kunststoffschuhe zwar schon auf dem Markt, aber sie hatten sich noch nicht richtig durchgesetzt. So trug Reinhard, der immer Gewicht spart, wo es nur geht, ganz einfache lederne Sommerbergschuhe. Sie waren wohl steif und fest, die Steigeisen hielten gut darauf. Aber er hatte, um das Gefühl für kleine Tritte zu bewahren, nur ein einziges Paar warme Socken an! Beim stundenlangen eintönigen Steigeisengehen ist der Druck auf die Ballen und den Vorderfuß sehr groß. Bei dem Wind, der herrschte, betrug die Temperatur in dieser sonnenlosen Nordwand höchstens minus fünfzehn Grad. Eisen klebte auf der nackten Haut und riß sie auf. So waren Reinhards Zehen eiskalt und fast gefühllos geworden.

Als wir am Seil waren, schlug er in den ersten Stunden verzweifelt die Füße gegen den Stein, um das Blut wieder bis ganz nach vorn in die äußersten Zehenspitzen zu treiben. Als die Blutzirkulation wieder in Gang kam – das tut ungeheuer weh, ich kenne das –, brüllte er vor Schmerz.

Später hatte er damit keine Schwierigkeiten mehr. Ich selbst war diesbezüglich viel besser dran. Im Winter, bei ähnlicher Kälte, ist mir das feine Gefühl für kleine Tritte nicht so wichtig. Da zählt nur die Sicherheit und das Gesunderhalten der Zehen für mich. Erfrierungen riskiere ich nicht. Ich konnte zwar dann nicht so elegant klettern, aber dafür hatte ich zwei dicke Wollstrümpfe und die schon auf dem russischen Siebentausender bewährten, unendlich schweren doppelten Expeditionslederschuhe an. Die schützen die Füße durch einen zusätzlichen Filzinnenschuh.

Wir rasteten nie. Alle paar Stunden schoben wir uns trockene Früchte oder ein Stück Schokolade in den Mund. Zu trinken gab es seit dem Frühstück nichts. Irgendwann stellte es sich heraus, daß wir zu wenige Felshaken hatten. Also trieben wir die ebenfalls nur spärlich mitgebrachten Eishaken in größere Spalten im Fels.

Für die letzten vierhundert Meter Felsenroute brauchten wir Tageslicht. Hell war es ungefähr von halb sieben bis siebzehn Uhr. So jagten wir das letzte Viertel gleichzeitig und gegen die einbrechende Finsternis ankämpfend hinauf, bis wir endlich oben in einer Scharte neben dem Gipfel standen.

Mittlerweile war es dunkel. Das Wetter würde nicht mehr lange durchhalten. Die Zeit drängte. Der Abstieg war endlos lang und für uns unbekannt. Wir wußten nur, daß es über die Südseite hinunter ging, daß zwölf- bis fünfzehnmal abgeseilt werden mußte – mit Doppelseilen gerechnet, wir aber hatten nur eines – und daß uns vor der Couvercle-Hütte ein wild zerklüfteter Gletscher erwartete.

Den ganzen Tag, siebzehn Stunden schon, waren wir unter ungeheurem Druck gestanden. Reinhard, der die Verantwortung, das Risiko des Seilersten in den Schlüsselstellen getragen hatte, war erschöpft. Jetzt war die Reihe an mir. Ich behielt den Rucksack. Die ganzen fünfundvierzig Meter unseres Seiles ließ ich ihn an den Abseilhaken in die Tiefe, in die Nacht hinab. Wenn Reinhard einen neuen Haken erreicht hatte, schrie er mir Hinweise auf die Schwierigkeit des Geländes herauf, ob es Spalten, Felsen oder Abbrüche gab. Dann ließ ich das Seil fallen und kletterte im immer schwächer werdenden Schein meiner Stirnlampe zu ihm ab. Bis ich bei ihm ankam, hatte er das Seil wieder befestigt, und ich konnte ihn weiter abseilen.

Nach Stunden dieses reibungslosen Zusammenspiels gelangten wir wieder an eine riesige Randkluft. Nach einem komplizierten Manöver wegen unseres zu kurzen Seils standen wir am Gletscher.

Wir waren beide erschöpft. Aber jetzt kam mein intensives Lauftraining zum Tragen. Ich hatte noch Reserven. So ging ich im knietiefen Pulverschnee mit dem Rucksack voran.

Wir waren ein Team. Reinhard durfte müde sein. Ich stapfte wie eine

Finale Ligure ist ein kleiner Badeort auf
halbem Weg zwischen Genua und Monte
Carlo. Großteils einige Kilometer vom Meer
entfernt, gibt es hier ein herrliches, weitläufi-
ges Klettergebiet. Der Kalk ist löchrig und
eisenfest, das Klima hervorragend, selbst zur
Winterzeit. Jährlich trainiere ich dort mehrere Wochen lang. Unser Bild stammt von
meinem Freund Dietmar Sochor und zeigt
mich bei der Überwindung des Großen
Daches im Amphitheater am Monte Cucco.

Im Quergang *am Monte Cucco in Finale Ligure. Die Felsen sind hier bis zu 90 Meter hoch, senkrecht, hängen oft über und eignen sich bestens für die Fotoarbeit meines nichtkletternden Freundes Dietmar Sochor.*

„Nicht nervös werden." *Das ist die Devise an diesem Überhang am Monte Cucco. Unsere Fotoserie soll die Antwort sein auf unzählige Fragen, wie und ob überhaupt es möglich ist, eine überhängende Wandstelle allein, ohne Seil und Haken, zu überwinden.*

Dabei – im Alleingang – geht es viel weniger um die physische Anstrengung, die die fraglos perfekt trainierten Oberkörpermuskeln zu erbringen haben: viel wichtiger noch, lebensentscheidend, ist die genaue Einschätzung dessen, was sich in einer derart extremen Grenzsituation im Kopf abspielen kann.

An der Küste *von Finale Ligure macht das Klettern fast nur Spaß. Es herrscht zwar immer Spannung und Aufregung, das Risiko bei einem Absturz ist aber ausnahmsweise bei den meisten Stellen relativ gering.*

Monte Carlo: *Viele Monate bin ich zum Training die Küste entlang unterwegs. Hier nehme ich mir Zeit zum Schauen, zum Klettern, zum Lesen, zum Atmen. Mehr braucht es nicht für ein fast tägliches Glück.*

Lokomotive dahin. Trotz meiner Müdigkeit war ich froh und gleichsam mit einem seltsamen Stolz erfüllt, daß ich nun Reinhard beweisen konnte, was ich wert war.

Das Wetter war endgültig schlecht geworden. Es schneite bereits leicht. Eine Übernachtung bei dieser Kälte wäre lebensgefährlich gewesen. Immer wieder versperrten uns riesige Spalten den Weg, mußten wir zurückgehen, Umwege machen. Wir verließen uns ganz auf unseren in Jahren erworbenen Instinkt.

Nach Mitternacht kamen wir an. Es war ein Zufall, daß wir die Hütte fanden. In der Dunkelheit glich der dunkle Kasten eher einem der riesigen Felsklötze denn einem Haus. Der Winterraum war offen. Schibergsteiger hatten die wenigen Lager belegt. Aber es fanden sich noch zwei vereiste Matratzen und ein paar steife Decken.

Wir hatten nichts zu essen, nichts zu trinken. Doch Hunger kam bei unserer Überanstrengung nicht auf, und wir schliefen sofort ein.

Bergsteigen: Ist es wirklich „schön"?

So ging es neun Jahre lang, oft mit Partnern, noch öfter allein. Aber die Alleingänge hinterließen die tieferen Eindrücke. *Immer wieder fragt sie mich, warum ich als junger Mensch so viel allein gegangen bin. Sie will auch wissen, und sie läßt mir keine Ruhe, w i e das war, was ich wohl gefühlt habe. Ganz sicher müsse es doch „schön" gewesen sein: immer in der frischen Luft, in der freien Natur, im Gebirge (das sie liebt), in Fels und Sonne und Eis, hoch oben, über den Tälern.*

Aber auf dem Boden meiner Berg-Vergangenheit ist sehr selten Beglückendes, eindeutig Schönes zu finden. Meine Erinnerungen entsprechen ihren Vorstellungen nicht. Was soll an unserer Droites-Tour „schön" gewesen sein? Es war finster, eiskalt, erschöpfend, ich hatte Angst, und ich hatte Durchfall; zu essen gab es nichts. Wenig fehlte, und wir hätten bei zwanzig Minusgraden die ganze Nacht im Schneesturm in einer Gletscherspalte verbringen müssen. Auch die Alleingänge waren nicht einfach schön. Ein einziges Mal ging mir beim Ausstieg, knapp unter dem Gipfel, so richtig das Herz auf: da war ich sechzehn, nach der ersten Alleinbegehung des Heini-Holzer-Gedächtnisweges in der Nordwand des Kleinen Törlwieskopfes im Hochköniggebiet. Das ist ein extrem schwieriger, senkrechter, teils brüchiger Riß, reine Freikletterei, und bis zum letzten Augenblick hatte ich gedacht: Das schaffst du nicht. Aber im allgemeinen war ich viel zu erschöpft, die Gedanken mit dem bevorstehenden Abstieg beschäftigt, um so etwas Irreales, Vages, unendlich Fernes wie Glück zu spüren. Ich liebe die Qual nicht, aber die Alleingänge waren doch immer auch von Schrecken begleitet. Abgeschiedenheit, Erschöpfung, der Blick in die Tiefe: Hunderte, ja Tausende Meter tief, zwischen den Beinen hindurch.

Oft von der Nacht überrascht. Krämpfe in den Unterarmen brachen die Finger auf. Die bewältigte Strecke belud die Oberschenkel mit Blei.

Ausgeliefert auch. Allein, verlassen, ohne Ausweg. Konnte nicht mehr, wollte nicht mehr. Ständig dieser eine nagende, lockende Gedanke ans Aufgeben, an Umkehr, auf den Fersen. Aber es gab meist kein Zurück. Der Rückzug war abgeschnitten, der Wunsch, das Ziel: Die Wand war zum Muß geworden.

Und Angst? Ich hatte immer – oft panische – Angst. Sie schien der Schlüssel zum Überleben, sie gehörte dazu wie das Zupacken und das Atmen. Sie war überall: im Kopf, im Herz, im Bauch. Sie hielt mich wach. Pläne über die Jahre hinweg hatte ich nicht. Vieles war ja von außen bestimmt und vorgegeben. Selbst übergeordnete Berg-Ziele boten sich nur vage und in der fernen Zukunft an. Der rote Faden, der sich durch diese wilden Jahre zog, war einzig und allein die möglichst extreme Kletterschwierigkeit – und die Qualität des jeweils nächsten Schrittes.

Nur immer wieder klettern und klettern. Fels, Eis, Schnee. Kaum waren die Wasserfälle geschmolzen und der Winter vorbei, ging es übergangslos in den Firn des Frühjahrs, dann der Fels im Sommer und wieder der Herbst.

So wie der ständige Wind, die Hitze und der Frost die Felsen zeichnen und prägen, wurde ich selbst von den Witterungen, der Schwerkraft, der Gefahr, dem ständigen Aufbruch aus der Geborgenheit, der Überwindung der natürlichen Trägheit geformt.

Mein Leben hing über dem Abgrund. Es verlangte Selbstbeherrschung, Kontrolle und dauerndes Training. Und damit verbunden selbstverständlich Verzicht auf vieles. Ich war noch ein Bub und hatte Entscheidungen zu treffen, die über mein Leben immer wieder und immer sofort bestimmten. Ich ließ die Würfel fallen: Die Konsequenzen hatte ich immer selbst zu tragen – und ich ging und ich blieb nicht stehen. Ich war unterwegs.

Schön soll es gewesen sein? Ich mag mich mühen, wie ich will, die richtigen, treffenden Worte, Farben, Stimmungen finde ich nicht dafür. „Schön" war es jedenfalls nicht. Höchstens käme der Ausdruck Befriedigung dem Zustand nahe, aber auch das ist es nicht.

Es war, wie soll ich es ausdrücken, ein Alleingang eben. Und wie eine schwierige Aufgabe, vielleicht vom Schicksal, vielleicht vom Leben, vielleicht von Gott gestellt. Davor drückt man sich nicht als Mann, auch wenn tausend Hintertüren offenstehen und locken und ein großer Teil besonders von *meinem* Ich ständig dort hinaus drängt – ins Bequeme, Gemütliche, ins Flache.

Wenn du mich so schnell und unerbittlich fragst und mir mit der Antwort keinen Ausweg läßt, so sage ich über die neun Jahre bis zum Eiger hin: Ich habe sie genützt. Ich tat unendlich viele Schritte, planlos und unbewußt. Viele brachten mich vorwärts, einige leiteten auf Umwege und gelegentlich auch zurück. Das macht nichts. Die einzelnen Teilerfolge waren gar nicht das Entscheidende. Hauptsache, ich war unterwegs. Hauptsache, ich trat nicht auf der Stelle und blieb in Bewegung.

Patagonien

Der Sturm

In den ersten schwarzen Nächten auf dem anderen Kontinent liege ich endlich allein mit meinen Gedanken und ungewissen Ängsten um mein verwege-
nes Ziel. Im Schlafsack, im Zelt, reißt mich da immer wieder ein ungeheures
nahendes Brausen aus dem Schlaf: Da kommt, über 300 Kilometer brettfla-
ches Inlandeis, vom Pazifik her, der Sturm angerast. Bricht sich oben an den
sagenhaften Zacken, Scharten und Spitzen des Cerro Torre und des Haupt-
gipfels, des Mount Fitz Roy. Fällt, eine eisige weiße Spur über die Tausende
Meter hohen, senkrechten, glattgeschliffenen Granitwände ziehend, durch
ein Gletschertal herab; es ist jenes, das in gerader Linie vom Cerro Torre in
die weite Ebene des nahen Viedma-Sees führt. Der Sturm folgt den Windungen des schmutziggrauen Baches, der unten, bei den Zelten, schon zum Strom
angewachsen ist, und reißt an den spärlichen harten, knorrigen Stauden und
schärft ihre Dornen. Fährt daneben über den schmalen Pfad, der staubig und
von schweren, beladenen Tritten ausgetreten ist. Bis die mächtigen Massen
dieser gejagten pazifischen Luft ein nächstes und endgültiges Mal aufprallen
und sich fangen: drüben ist es, keine zehn Gehminuten vom Lager entfernt,
in der kleinen, knapp hundert Meter hohen felsigen Wand. Fast in allen
Nächten geht es nach ein paar Stunden der spätabendlichen Windstille wieder
los. Alle meine Sinne sind schon auf diese Hölle sensibilisiert. Beim ersten,
noch kilometerfernen Sausen bin ich sofort hellwach. Dann liege ich, angespannt ins Dunkel lauschend, und verfolge den Weg des Sturms. Immer mehr
schwillt der an, braust in den Felsen und tost. Stürzt schließlich herüber und
krallt sich auch in den Wipfeln der wenigen Bäume um das Lager hier fest.
Urplötzlich reißt es mit aller Gewalt an dem biegsamen Gestänge des niedri-
gen halbrunden Zeltes, fängt sich im hauchdünnen Textil der wasserdichten
Seitenwände und knattert rasend und nur eine halbe Armlänge von meinem
Gesicht entfernt.

Auf diesen Moment muß ich gefaßt sein, muß beherrscht sein, sonst steigt
jäh und unaufhaltsam eine Panik auf. Eine schreckliche Angst ist es, daß mein
Zelt und ich selbst nicht schwer genug sind, daß es mich wegreißt in den
nahen, von den Niederschlägen angeschwollenen Gletscherstrom hinein.

Es ist ein infernalischer Lärm. An Schlaf ist nicht zu denken. So kann es
stundenlang gehen.

Aufgebrochen am 6. Januar 1986: Nizza – Salzburg, ein paar Stunden Aufenthalt bei den Eltern, den Schwestern, dem Bruder in St. Johann. Gewaltige Unruhe in mir: Haltet mich nicht auf!

Aufbruch in Zürich

Weiter Salzburg–Zürich. Hier passiert, was ich am wenigsten brauchen kann, was ich in keiner Weise erwartet habe, was in meinem aufs äußerste angespannten Zustand einer mittleren Katastrophe gleichkommt: Wegen Streiks der argentinischen Fluglotsen verzögert sich die Weiterreise um – vorerst – einen ganzen Tag!

Am Schalter von Aerolineas Argentinas kann uns niemand genaue Auskunft geben. V i e l l e i c h t geht es morgen weiter, v i e l l e i c h t ...

Wir Passagiere werden in ein desorganisiertes Hilton-Hotel umquartiert, in den Gängen wird gebohrt und gestemmt. Dieses eintägige Warten wird schrecklich für mich. Völlig fixiert und konzentriert auf mein Ziel, bin ich im Augenblick unfähig, mich mit einer vorübergehend veränderten Situation abzufinden bzw. mich auf diese einzustellen.

Meine Gedanken, meine ganze Energie können sich nur an meinem Ziel wirklich entfalten, und es ist noch immer so fern, und ich bin gezwungen, hier stillzustehen. Es geht nicht weiter, ich bin hilflos, verzweifelt, wehrlos bin ich, und eine ganze Lawine von Zweifeln und Ängsten stürzt auf mich ein.

Vor allem die eine Befürchtung sitzt festgefressen in meinem Kopf: was, wenn ich durch diese Verzögerung gutes Wetter am Berg versäume? Ich sitze in Zürich fest, und in Patagonien scheint vielleicht die Sonne.

Ein Held muß ich doch sein, doch man gibt mir nicht einmal eine Chance.

Bleibt mir nichts anderes übrig, als mit dem Zug in die Stadt zu fahren. Strome in meiner Ausweglosigkeit von einem Hamburger-Restaurant ins andere, stopfe wahllos „junk-food" in mich hinein. In der Bahnhofstraße noch schnell bei einer alten Frau die Hühneraugen am rechten Fuß herausgeschnitten.

Die setzt einem die Füße aber nicht, wie es sonst üblich und sehr angenehm und entspannend ist, in ein warmes, wohlriechendes Bad. Entspannung ist da gestrichen, ich werde schnell zwischen zwei Termine eingeschoben, gnadenhalber, weil ich auf der Durchreise bin und das Flugzeug in das ferne Land nicht ewig wartet. Als Bergsteiger geht man mit Hühneraugen besser nicht dorthin.

Sie schneidet also schnell, und es tut weh, aber als Bergsteiger zeigt man keinen Schmerz. Mein Name ist in Zürich schon bekannt. Plötzlich fragt die Alte ganz schnell und verstohlen, als wäre es ein Geheimnis, als handelte es sich um eine Verschwörung, die selbstbewußte Stimme hat sie plötzlich gesenkt: „Glauben Sie an Gott, junger Mann?", aus heiterem Himmel, todernst.

Draußen kalter Schneeregen, Nebel, das bestreikte Flugzeug. Morgen erst, morgen v i e l l e i c h t erst, denke ich verzweifelt. „Glauben Sie an Gott?"

Da verliere ich die Fassung. Mein bis dahin höfliches Lächeln zieht sich wie von selbst zurück. Was für eine Frage! Ich wollte meine Hühneraugen herausgeschnitten haben, sonst nichts. Bezahlen und weg und ins Flugzeug und ab in den Wind.

In der Jugend, denke ich, schert man sich nicht viel um die Gefühle anderer. Es dauert eine ziemliche Weile, bis man sie zu begreifen lernt. Aber wie kann ein alter Mensch so blind und verständnislos sein? Fühlt die Frau denn nicht, daß ich auf dem Weg in eine höchst ungewisse Zukunft war; was diese Zukunft für mich bedeutet; fühlte sie nicht, daß ich allein bin und ausgeliefert in meiner Situation. Ein bißchen schmutzig bin ich schon, mit leicht fettigem Haar, und der Bart drei Tage alt. In einer Tasche unter der roten, schmutzigen Bergsteigerjacke die Traveller Cheques, die Tickets mit meiner Bestimmung, der Paß.

Sie befindet sich in ihrer gewohnten Umgebung, in Geborgenheit. Aber ich? – Ein Heimatloser hier, und dort, wo ich hin muß, noch viel weniger zu Haus. Nirgendwo in der Zukunft Heimat, es sei denn, ich habe Glück und erklettere sie.

Mein Weg nach Hause hat gerade erst begonnen. Und mit welch einem Umweg – wer muß schon über einen der schwierigsten Berge der Welt nach Hause? Aber ich muß ein Mann sein, allein schon deshalb, weil ich früher so oft einer gewesen war. Ein richtiger Mann mit Weg und Ziel.

Allein und fast wehrlos mit meiner Angst, mit dem Wissen um die Stürme auf dem anderen Kontinent, dem schlechten Gewissen wegen des vielleicht nicht ernst genug betriebenen Trainings und aus der Fassung gebracht durch die streikbedingte Verzögerung.

Sicherlich sehe ich viel älter aus, als ich bin, vor allem jetzt, mit Bart und dunklen Ringen unter den Augen und der schrecklichen Kleidung. Sie hat sich aber auch gar nicht für meine Jahre interessiert. Wie immer meine Antwort ausfiel, Jugend war keine Entschuldigung, schon gar nicht bei einem Extrembergsteiger – einem „todgeweihten Alleingänger", das sind ihre

Worte –, dem man allerhand Härte zutrauen mag – zu Recht oder zu Unrecht.

Da liegt nämlich auch die jüngste Illustrierte mit meinem Bild – offensichtlich der Grund für ihre Vertraulichkeit: ich im weißen Smoking, glattrasiert, lächelnd, mit dem Kopf nach unten in einem schwarzen Türrahmen verspreizt. Ein Aufsteiger des Jahres. Damals, in jener Situation, fragte ich mich nur: aufgestiegen wohin? Meiner Antwort enthob mich der nächste Kunde. Es war ja eine verschwörerische Frage gewesen von Anfang an, in Anwesenheit Fremder erörtert man derartiges nicht.

Ich zahle mit einem Scheck und fliehe. Nebeliges Schneeregentreiben, in Hundekälte durch die Bahnhofsstraße laufen, fassungslos. Und was ist schon Zürich im Winter gegen einen patagonischen Sturm? Trotzdem kaufe ich keine Kleidung wie sonst immer in schwachen Augenblicken.

Der 6. Januar. Weihnachten ist vorbei. Dennoch rennen die Leute wie am Vorabend des Christfestes, und mir scheint, als hätte keiner Muße und Zeit. Ich bin ja selbst rastlos. Nur, der Flug ist auf unbestimmte Zeit, auf morgen vorerst, verschoben, auf morgen.

Ich genieße die Bahnhofsstraße und die Gegenwart der Menschen diesmal nicht. Ich passe heute nicht hierher. Ich habe ein Ziel, ich bin auf dem Weg dorthin, und alles, alles, das mich aufhält, lähmt mich. Zu viele Ängste und Hoffnungen und auch Kräfte haben sich einzig auf dieses Ziel konzentriert. Unmöglich, sich im Augenblick für anderes zu öffnen. Selbst die wunderbarsten Kaschmirsakkos nehme ich kaum wahr.

Mein Blick versucht, sich an den Gesichern festzuhalten, die vorüberziehen. Sonst ist das eine Hilfe gewesen. Doch heute fängt keiner meine Angst auf. Die Mienen sind von der Kälte, dem Schneeregen und der Hast wie eingefroren, ganz starr.

Mein Hotelzimmer ist leer. Zwar gibt es da ein Telefon. Doch der Liebe hat der ganze Herbst gehört. Frühstück machen, Abendessen, Abwasch, Staub saugen, einkaufen; verliebt sein; warten, bis sie kommt. Und alle Zeit der Welt für Zärtlichkeit. Jetzt ist es wieder Zeit für andere Aufgaben.

Weiter treibt mich die Verzweiflung durch die Bahnhofsstraße. Immer wieder strande ich an Hamburgerbuden. Kalt-nüchterne Räume, hinter der Theke bedienen dunkelhäutige Menschen. Sie sprechen schlechtes Deutsch, vermischt mit diesem grauenhaften schweizerischen Akzent, so daß man kaum ein Wort bis auf „Rappen" versteht. Sie sind unfreundlich, mürrisch und stoßen das Gewünschte lieblos mit harten Bewegungen vor mich hin.

Ich fühle mich verletzt, vor allem in meinem angeschlagenen Zustand. Aber schließlich sind auch sie fremd hier in Zürich, verletzlich wie ich. Die einzige Gelegenheit, ein wenig Macht auszuüben, ist hinter der Theke. So empöre ich mich nur kurz. Ich nehme, was ich bekomme, zahle und tauche wieder in den Schneeregen der Bahnhofsstraße. Ich muß hilflos zusehen, wie meine kostbare Zeit verläuft. Ich bin an dem Punkt angelangt, da mich jede Stunde quält, die mich von meinem Ziel abhält. Nur nicht denken, nur nicht mit wachem Bewußtsein sehen, daß dies noch immer Zürich ist und daß das Flugzeug erst morgen, wenn überhaupt, abfliegt. Und wieder mit einer Tafel Schokolade und einer Dose Bier ins nächste Kino. Die Zeit totzuschlagen ändert nichts an meiner Lage. Aber es beschäftigt mich und hält mich vom Denken ab. Bier und Hamburger und Kino sind meine einzigen Waffen gegen die unverschuldete Tatenlosigkeit. Ich muß erkennen, daß es um meine Selbstbeherrschung nicht gut bestellt ist. Und was ist ein Alleingänger schon wert, wenn er sich nicht in der Hand hat in jedem Augenblick? In der Wand, am Berg erst mit der Beherrschung anzufangen ist nicht schwer und ist auch zu spät. Das gilt nicht mehr, denn dort regiert die Angst, die Gefahr. Das ist einfach. Ich habe es immer gewußt: Alleingehen ist nicht schwierig. Aber ein Profi, der sich mit „junk-food" vollstopft?

Am nächsten Tag doch endlich der Weiterflug: zwei Stunden nach Paris, weitere drei nach Madrid. Hier nehme ich eine Schlaftablette und merke von den nächsten acht Stunden bis Rio de Janeiro nichts. Es ist ein Nachtflug, und die restlichen dreieinhalb Stunden bis Buenos Aires fliegen wir in die Dämmerung, in den Morgen hinein. Gelandet bei Sonnenaufgang. Es ist Hochsommer in Argentinien: dumpfe, ungewohnt warme Luft. Die Zeitverschiebung beträgt vier Stunden. Zu Hause sind sie schon lange wach. Am Flughafen in Zürich habe ich drei Salzburger kennengelernt. Ihr Ziel ist – Patagonien. Ihre Gegenwart, wir reisen vorerst zusammen, trügt mich gelegentlich und wiegt mich in eine wie immer falsche Sicherheit. Denn ich bin allein, und um mein Ziel zu erreichen, muß ich mir wieder einmal selbst genug sein. Trotzdem sind die drei in den ersten Tagen ein großes Glück für mich.

Reisegefährten

Prechtl Thausing ist vierzig und unter Extremkletterern von seinen wilden Winterbegehungen und Schiabfahrten her sehr bekannt. Er reist mit seiner Frau Gerit. Sie betreiben gemeinsam eine wunderschön am Stadtrand von Salzburg gelegene Gärtnerei. Ich habe die beiden dort später besucht. Mit ihnen ist der Salzburger Hobbyfotograf Gerhard Bluhm. Die drei kennen sich seit zwanzig Jahren, aus gemeinsam in der Jungmannschaft des Alpenvereins verbrachten Zeiten. Ihr Ziel ist aber diesmal nicht die Kletterei. Prechtl war, seit die Extremkletterei nicht mehr den alten Reiz auf ihn ausübte, jahrelang ein ausgezeichneter Langstreckenläufer gewesen, und er hat mehrere große Bergläufe gewonnen. Seinem Gesicht und seiner sehnigen Gestalt sieht man diesen anstrengenden Sport sofort an. Seit einigen Jahren interessiert ihn aber vor allem das Filmen im 16-mm-Format. Prechtl steckt fast sein ganzes Geld in dieses kostspielige Hobby. Seine Arbeiten wurden teilweise bereits im Fernsehen gezeigt. Er und seine Frau wollen Patagonien mehr oder weniger ohne zu klettern erleben. Auch Gerhard, der in Salzburg eine Fotogruppe leitet und schon mehrere Preise bei Fotoausstellungen gewonnen hat, hat mit dem Extremsport nicht viel im Sinn. So haben die drei gemeinsame Interessen. Prechtl filmt, assistiert von Gerit, und Gerhard habe ich in den zwei Wochen, die wir mehr oder weniger gemeinsam unterwegs waren, nie ohne seine beiden Leicas gesehen.

Ihre „österreichische" Gegenwart, der vertraute heimatliche Dialekt schwächen in mir das Gefühl, allzuweit von daheim weg zu sein. Außerdem fällt ihnen ständig irgendwelcher Unsinn ein. Kein Mensch ist vor dem treffenden, trockenen Humor vor allem Gerhards sicher. Nach ein paar Tagen der Bekanntschaft fürchtet man ihn fast. Vor keiner noch so kleinen menschlichen Schwäche macht sein beißender Witz halt. Mit seinem „fotografischen" Blick sieht er nicht nur in der Natur, in den Bergen, die seine bevorzugten Motive sind, jedes Detail. Trotzdem ist er nicht böse, nicht wirklich verletzend, er spottet nicht einmal – er trifft nur immer den Nagel auf den Kopf. Es ist dieser ganz besondere Humor, den ich wohl deshalb so liebe, weil er so selten ist.

Prechtl ist eine perfekte Ergänzung dazu. Die beiden sind wie ein eingespieltes Team im Kabarett. Sie erzählen auch stundenlang wundersame

Geschichten aus der guten alten Zeit in der Jungmannschaft, und an einigen der langen, hellen, gemeinsam verbrachten patagonischen Abende kommt es vor, daß sie schließlich alle drei zu singen anfangen. Die Späße, diese Gemeinsamkeit lenken mich vor allem in den ersten Tagen im Basislager, als das Wetter – typisch für Patagonien – schrecklich ist, von meinen hoffnungslosen, fast depressiven Gedanken ab. Ich selbst habe so ein harmonisches Gruppenleben freilich noch nie erlebt. Ich schaue und staune und schaue ihnen stundenlang zu. Wie locker und lustig und gelöst sie sind. Manchmal machen sie mich fast traurig. Ich gehöre ja doch nicht dazu. Das ist freilich nicht ihre Schuld. Im Gegenteil, von Zürich an akzeptieren sie mich sofort und nehmen mich wie selbstverständlich in ihre Gruppe auf.

Die Motive, warum wir so weit von zu Hause weggefahren sind, sind vollkommen verschieden. Die drei sind auf Urlaub. Sie haben ein Jahr lang gearbeitet und sich auf die Fahrt gefreut. Mehr als vier Wochen stehen keinem von ihnen pro Jahr für derartige Unternehmungen zur Verfügung. Einen großen Teil ihres ersparten Geldes verschlingt diese teure Reise, und sie genießen sie. Die patagonischen Zacken hier zählen zu den schönsten der Welt. Meine Reisegefährten wollen sie deshalb fotografieren, filmen, von der Ferne s c h a u e n d genießen. Und wenn dies das Wetter nicht zuläßt, dann ziehen sie einfach weiter. In Patagonien, im „Land der Stürme", auch ich weiß das, gibt es so viel zu sehen: die unendlichen Pampas mit ihren weitverstreuten einsamen Estanzias und Schafherden und wilden, ungezähmten braunen Pferden. Die windgegerbten O-beinigen Gauchos, die mit ihren Sätteln wie verwachsen scheinen. Auf den Ebenen kann man die scheuen Guanakos, eine Lamaart, beobachten. Über den Höhen ziehen die majestätischen Kondore und die Adler ihre Kreise. Gürteltiere sausen unvermittelt über die staubige, verlassene Schotterstraße.

In die riesigen Seen kalben gewaltige Gletscher; Uppsala, Argentino, Viedma. Fast 800 Kilometer weiter südlich noch liegt Feuerland – Terra del fuego. Auch das gehört noch zu Patagonien. Die Magellanstraße, das berüchtigte Kap der Stürme, die gestrandeten Schiffe, die Hauptstadt Ushuaia, die einzigartigen Pinguinkolonien.

Bis dorthin soll die Reise meine neuen Freunde führen. 26 Tage stehen ihnen dafür zur Verfügung. So viel wie möglich, alles, wenn es geht, wollen sie sehen, nicht nur einen einzigen Berg. Den dreien geht es gut, sie sind glücklich, und fast beneide ich sie. Andrerseits wünschen sie sich, sie hätten so unbegrenzt viel Zeit wie ich.

Ich aber bin allein hierhergekommen. In all den Monaten, die der Abreise vorangegangen waren, hatte ich mich auf den absoluten Alleingang eingestellt. Die Summe all meiner Antriebskräfte ist auf das Ziel, den Berg, gerichtet. Ich schaue nicht links und nicht rechts, darf das gar nicht tun. Mein Ziel verlangt mir alles ab, es kostet meine ganze Kraft.

Deshalb bin ich alles andere als locker und entspannt – sehr im Gegensatz zu den Freunden. Das ist kein Urlaub für mich, und im Grunde beklage ich mich nicht. Ich bin ein Profi. Doch immer wieder lache ich mit den Freunden mit. Aber ein Teil von mir bleibt immer ernst. Meine Energie und Konzentration lassen sich in diesem späten Stadium von nichts und niemandem mehr ablenken. Nicht einmal von meinem Heimweh.

Ich bin da

Dann stehen wir um den gemeinsamen Haufen unserer Rucksäcke und Taschen in Buenos Aires auf dem Flughafen und warten auf einen Bus. Ich setze meinen Walkman auf, lege Pink Floyd ein und streife ruhelos durch die spärlich bevölkerte Wartehalle. Aktion! Ich muß etwas tun, ich halte das Untätigsein nicht länger aus. Das dauert mir alles zu lang. In ein paar Stunden wird die Temperatur über 40 Grad betragen und die Luftfeuchtigkeit auf 99 Prozent steigen. Die Mädchen tragen hauchdünne Hosen und knallenge Röcke. Eine ganz ungewohnte Mode, mir kommt es vor, als wären wir in der Zeit zehn, fünfzehn Jahre zurückversetzt, fast in die sechziger Jahre, die ich gerade noch von Filmen her kenne.

Dieser Eindruck wird während der fast einstündigen Busfahrt zum Inland-flughafen noch verstärkt. Es ist ein unbequemes, klappriges Vehikel, in dem wir befördert werden. Obwohl es noch immer früher Morgen ist, herrscht ein unglaublich starker Verkehr. Buenos Aires ist berühmt und berüchtigt dafür. Alle Autos sind uralt und würden bei uns sofort aus dem Verkehr gezogen. Sie stoßen Unmengen dunkler Abgaswolken aus und machen einen Höllenlärm. Der Geräuschpegel erinnert fast ans Training beim Grand Prix in Monte Carlo.

Während der Fahrt sehe ich eine endlose, graue, schmucklose und sehr schmutzige Stadt. Einige häßliche Monumentalbauten, schlechte Straßen, Hektik und Gehupe und Hitze und Autos, Autos, Autos, überall Autos. Wo fahren sie bloß alle hin. Durch Armenviertel mit ungezählten Lotteriestuben kommen wir, und an kilometerlangen, betongrauen und erst halbfertigen Wohnsilos geht die Fahrt vorbei. Nirgendwo, außer beim internationalen Flughafen, ist es grün.

12. Januar 1986: *Der Cerro Torre mit seiner Südostwand am Tag der Wetterbesserung. Wochenlang hat der Sturm getobt, und noch immer drängen gewaltige Wolkenmassen vom Pazifik her gegen die patagonische Granitbarriere an. Das Foto habe ich von meinem Zeltplatz aus mit starkem Teleobjektiv und Converter gemacht.*

13. Januar. *Am Morgen des ersten Fitz-Roy-Versuches. Dort, wo der gleißende Gletscherfluß hinter den Felsen verschwindet, sind das Ende der National-park-Straße und mein ständiger Zeltplatz. Hinten: der eisige Viedma-See.*

Der Fitz Roy von Südosten. Der linke markante Felszahn ist die Aiguille Poincenot mit ihrer über 900 Meter hohen Wand . . .
Die untere Bildserie habe ich ebenfalls am Morgen des 13. Januar von meinem Biwakplatz aus gemacht.

Fitz Roy mit Weitwinkelobjektiv.

Der in den Lago Argentino *kalbende gleich-
namige Gletscher. An einer einzigen Stelle schiebt sich
die mehrere Kilometer lange und bis zu fünfzig Meter
hohe Eisbarriere bis an eine schmale Landzunge
heran. Fitz Roy und Cerro Torre sind von hier mehr als
zweihundert Kilometer entfernt.*

Drei Tage *nach der Gipfelbesteigung konnte ich dieses einmalige Naturschauspiel bewundern und das Tagebuch ergänzen.*

Lagerleben: *Bei Schlechtwetter half der Walkman über hoffnungs-loseste Stunden und verkürzte die Zeit in den Regenerationsphasen. Einziges Frischfleisch in dieser Ecke Argentiniens: das billige Schaf.*

Rauschgift und Fliegen

Beim Einchecken für den nächsten Flug, der uns endlich nach Rio Galegos, nach Patagonien bringt, gibt es Schwierigkeiten mit meinem Handgepäck.

Die wichtigsten Ausrüstungsgegenstände, die im Falle eines Diebstahls oder sonstigen Verlustes in Südamerika bestimmt nicht so schnell zu ersetzen wären, habe ich in einem Rucksack verstaut. Er ist mein „Handgepäck".

Darin sind die erprobten Kunststoffbergschuhe und die dazupassenden Steigeisen bzw. die alten, in den Wänden der Droites, Grand Jorasses und des Eiger zerschlissenen profillosen Reibungskletterschuhe. Die beiden Pickel-schäfte, die kurzen, von denen der eine besonders wichtig ist: In St. Johann habe ich auf das obere Ende ein Gewinde schweißen lassen, auf dem sich die Kamera mit dem Selbstauslöser sicher befestigen läßt. Das ist die einzige Mög-lichkeit, um meinen eventuellen Erfolg als Alleingänger zweifelsfrei fotogra-fisch dokumentieren zu können. Hauen und Schaufeln der Pickel liegen abge-trennt in einem Seitenfach. Die gesamte Fotoausrüstung – drei Kamerakör-per, zehn Wechselobjektive und fünfzig Filme steckten ebenfalls gut gepol-stert im Rucksack drin.

Insgesamt macht diese Ausrüstung 36 Kilogramm aus. Im Bild auf dem Scanner beim Eingang zu den Flugsteigen meinen die Beamten und die Solda-ten die Pickelschäfte als zerlegte Maschinenpistolen zu erkennen, und sie rei-ßen sofort ihre Gewehre hoch. Ohne die geringsten Spanischkenntnisse ist so eine Situation ein ziemlich unangenehmes Problem. Sie nehmen mit größter Vorsicht den Rucksack vollkommen auseinander. Immer wieder sage ich: „Fitz Roy. Patagonia. Alpinista." Erkläre ihnen auf Italienisch radebrechend, daß ich die Ausrüstung unbedingt zum Klettern in Patagonien brauche, und schließlich ist der Fitz Roy meine Rettung. Diesen Berg kennen sie selbst hier in Buenos Aires, 2.500 Kilometer von Patagonien entfernt.

Die Ureinwohner Patagoniens nennen den Fitz Roy übrigens „Chaltén". Der Buschauffeur von vorhin, der aus Feuerland stammt, hat mir diesen Namen erklärt.

Seit dem Falkland-Krieg, in dem über 3.000 junge argentinische Soldaten ums Leben gekommen sind, nennen die Argentinier den Namen des engli-schen Kapitäns Fitz Roy nur noch ungern und sagen wieder „Chaltén". Daß ich allein dort hinauf will – so weit versteht man mich bald –, macht mich den jungen Wachesoldaten sympathisch. Sie halten mich zwar für einen Verrückten, aber immerhin kennen sie die Musik, die ich in meinem Walkman höre. Ihre Sprache verstehe ich kaum, aber mit der Zeit kristallisiert sich ein besonderes englisches Wort immer mehr heraus: „dope" – Rauschgift.

Ganz sicher hätte ich „dope", meinen sie. Wie sonst sollte man es ganz allein, ohne Mädchen, auf so einem Berg wochenlang aushalten? Sie sind ganz sicher, daß irgendwo in meiner Ausrüstung „dope" eingebaut ist, sie hätten sogar Verständnis dafür, sie wollen welches kaufen, so sicher sind sie sich. „Comprar", verstehe ich immer wieder, das ist dem Italienischen sehr verwandt.

Aber ich schaue sie nur ganz verwundert an. Ich habe ganz bestimmt kein Rauschgift, nicht einmal Zigaretten rauche ich, und Alkohol ist auch keiner in der Ausrüstung dabei. Wie können sie nur bei einem Bergsportler Rauschgift erwarten!

Sie stellen in ihrer absoluten Ziellosigkeit, Planlosigkeit, für die ich kein Verständnis habe im Augenblick, meine Geduld auf eine harte Probe. Ich kann und will nicht mehr warten. Ich muß doch weiter, noch immer bin ich nicht da, haltet mich um Gottes willen nicht noch länger auf!

Endlich das nächste Flugzeug. Weitere drei Stunden, über 2.000 Kilometer weit, geht es nach Süden.

Gelandet schließlich im Nirgendwo, in Rio Galegos, einer kleinen, grauen, staubigen Hafenstadt in einer vegetationsarmen, konturlosen Wüste am Atlantik.

Schon beim Anflug auf die Ortschaft, die 2.000 Einwohner zählt, drängt sich sofort die Frage auf: Was machen die Menschen da? Wovon leben sie, wie können sie existieren? Hier gibt es nichts, zumindest ist nichts zu sehen. Keine Landwirtschaft, weder Viehzucht noch Ackerbau. Auch kein Erdöl und keine Industrie. Hin und wieder ein Frachtschiff, ja, und die Flugzeuge jeden Tag. Der Tourismus wirft ganz bestimmt auch kaum etwas ab. Wie und wovon leben sie? Doch trotz ihrer seltenen Trostlosigkeit bewegt diese schmucklose Stadt mein Herz nicht sehr. Mir tut nichts weh bei ihrem Anblick, sie macht mich nicht traurig, die zukunftslose Stimmung hier rührt mich nicht.

Denn dies ist, und nur das zählt: dies ist Patagonien, hier wollte ich her. Jetzt kann mich nichts mehr aufhalten.

Fehlen noch knappe 400 Kilometer bis zu den Bergen, meinem endgültigen Ziel. Wenn nicht spätestens morgen eines der uralten ausrangierten Militärflugzeuge in den letzten Ort, nach Calafate, geht; und wenn kein Autobus und kein Lastwagen dorthin fährt; selbst wenn alle Straßen aus ich-weiß-nicht-welchem Grund unbenützbar sein sollten: Ich bin jetzt da, und ich komme dorthin. Dann miete ich ein Pferd, einen Esel, meinetwegen gehe ich zu Fuß. Aber aufhalten kann mich jetzt nichts mehr. Atme tief, tief durch. Trotz der langen, anstrengenden Reise, der Zeitverschiebung, der ungewohnten Hitze – in den Lungen, in der Brust spüre ich die aufgestaute, ungebändigte Energie. Das Gesicht, das noch nicht braun und nicht bärtig und gegerbt ist, halte ich in den berüchtigten, den unentwegten, den patagonischen Wind.

Das Wetter ist gar nicht so schlecht. Nur ein paar schneeweiße Haufenwolken fegen über den endlosen, noch von keinem einzigen Berg begrenzten tiefblauen Himmel. Nur der Wind ist da, doch das will hier nichts besagen, der muß kein schlechtes Zeichen sein in diesem Land. Vorerst scheint hier die Sonne in Patagonien, in Rio Galegos, wenn ich auch fürchten muß, daß es eine trügerische Sonne ist, weil ich hier in Patagonien bin. Trotzdem steigt meine Stimmung sofort, und es steigt ein kurzer, fast euphorischer Optimismus auf.

Denn seit Wochen, seit Monaten hämmert pausenlos die bange, ungewisse Frage in meinem Kopf: das Wetter, das Wetter, wie wird das Wetter sein? Mein Unternehmen hängt vor allem vom Wetter und den damit verbundenen Verhältnissen ab. Darauf habe ich keinerlei Einfluß.

Alpinzeitschriften haben die schauerlichsten Berichte von Patagonien-Expeditionen publiziert. Abgesehen von der einzigartigen Schönheit und Schwierigkeit der beiden wichtigsten Gipfel Cerro Torre und Mount Fitz Roy haben mich vor allem die zahlreichen erschreckenden Sturmbilder beeindruckt: Expeditionen in ihren Fixseilen hängend, in 1.800 Meter hoher schneeweißer, senkrechter Granitwand. Der Sturm hat die fugenlosen Platten mit einer bis zu dreißig Zentimeter dicken Eisschicht beklebt. Die Ausrüstung, die Seile mit Eis bedeckt, die Gesichter der Männer von diesem höllischen Toben entstellt. Von einer französischen Expedition mit dem bekannten Bergsteiger Jean Afanassieff habe ich gehört. Die Mannschaft hat in drei patagonischen Monaten die Berge kein einziges Mal gesehen. Verzweifelt und frustriert vom untätigen Warten hat Afanassieff seine Ausrüstung in einen Graben geworfen mit den Worten, die alles sagen: „Hier gibt es keine Berge!"
Staub, Sand, selbst kleine Steine reißt der Wind mit sich fort, und er weht

fast ununterbrochen, unentwegt. Wind, ja, bloßen „normalen" Wind bin ich
von den Alpen her gewohnt. Im Salzachtal, in den Wänden des Tennengebir-
ges vor allem, wo ich das Bergsteigen gelernt habe, rauscht besonders im
Frühjahr der starke, unberechenbare Föhn. Dort liegt bei uns die Wetter-
scheide. Manchmal war es da vorgekommen, vor allem im April und im Mai,
wenn die Wände gerade erst trocken vom Schnee geworden waren, daß dieser
Föhn mit seiner Gewalt die Seile waagrecht aus der Wand getrieben hat und
sogar, vom Tal die Felsen aufwärts jagend, sie senkrecht über unseren Stand-
plätzen hat aufstehen lassen.

Ich bin das also gewöhnt, der Wind stachelt mich auf, ich liebe ihn, er reizt
meinen Widerstand. Noch immer bin ich stärker gewesen als er und habe
ihm getrotzt. (Ha, er macht mich lachen und läßt mich die Zähne zusammen-
beißen, und ich fühle mich unbezähmbar.)

Es ist wie beim Klettern an der Küste über stürmischem, wogendem Meer,
wenn es unter mir tost und brandet und kracht.

Das kann an mir reißen, das soll mich nur packen mit aller Wucht: Ich
gehe, ich klettere, ich lasse die Griffe nicht los, es wirft mich nicht ab! Aber
hier in Patagonien würde sich jeder Spaß, jedes Spiel aufhören. Das war mir
von Anfang an klar. Sturm, der selbst im Tal Spitzen bis zu 180 km/h erreichen soll. Ich selbst habe Gott sei Dank eine solche Hölle nicht erlebt. Sich
unter so extremen Umständen eine senkrechte Wand hinaufzuarbeiten, noch
dazu ohne ein den Rückzug offen haltendes Fixseil und im Alleingang, wäre
natürlich unmöglich. Um innerlich vorbereitet zu sein, gehe ich die ganze
Zeit davon aus, daß das Wetter schlecht sein wird. Das ist eine Art Schutz vor
der Enttäuschung. Ich muß mit einem wetterbedingten Mißerfolg rechnen.
Ja, ich muß sogar darauf gefaßt sein, daß sich keine einzige Chance ergibt,
den Gipfel auch nur in Angriff zu nehmen. Dabei schreckt mich der wilde
Berg nicht. Die extreme Kletterei würde ein zweitrangiges Problem sein.
Schwierigste Wände zu bewältigen bin ich seit bald einem Jahrzehnt
gewöhnt. Die 1.400 Meter hohe Abschlußwand am Mount Fitz Roy will ich
auf meine eigene, erprobte Weise angehen: ungesichert, blitzschnell vorsto-
ßend, solang und soweit es vertretbar wäre. Das würde nur ein nächster
Schritt innerhalb eines wohlkalkulierten Risikos sein.

Denn was meine physische Verfassung anbelangt, so fühle ich mich sehr
gut. Man ist zwar nie optimal trainiert. Vor allem ich glaube immer, ich hätte
vielleicht doch nicht alle meine Kräfte zur Gänze mobilisiert. Aber ich habe
mich nach bestem Wissen bemüht und mir sehr viel Zeit für die körperliche

Ich bin da

Vorbereitung genommen. Von den herrlichen Trainingsbedingungen an der Côte d'Azur habe ich bereits erzählt.

Tagelanges pausenloses Klettern dort hat die Muskeln meiner Unterarme steinhart gemacht, und die Füße sind wohlvertraut mit dem Tasten nach winzigen Trittchen und damit, sich lange bewegungslos an kleinsten Vorsprüngen zu halten. Zusätzlich haben stundenlange Bergläufe in den Höhen von Monte Carlo mein Herz, die Lunge und die Beine an extreme Belastungen gewöhnt.

Ich bin sicher, mein Körper wird mich bei meinem Unternehmen kaum im Stich lassen. Auch psychisch fühle ich mich gut in Form. In der Vorbereitungsphase habe ich meine Gedanken bewußt von allen beruflichen Überlegungen, von Vorträgen, Verträgen usw. freigehalten.

Nur die Bilder vom Training wurden für eine patagonische Vorgeschichte an eine bundesdeutsche Illustrierte verkauft. Und ein Münchner Sportgeschäft, das ich seit Jahren in Ausrüstungsfragen berate, hat mich bei der Finanzierung der Reise unterstützt. Die Manager dieses Hauses, vor allem Flori Schuster, sein Besitzer, sind mit dem Bergsteigen wohlvertraut. Sie kennen die Risiken meines Vorhabens und haben, was besonders wichtig ist, keinerlei Druck auf mich ausgeübt. Sie wissen genau, daß ich eine Chance, wenn ich sie bekomme, zu nützen weiß. Ich stehe also nicht unter geschäftlichem Erfolgszwang.

Immer wieder jedoch taucht das Hauptproblem, die große offene Frage auf: das Wetter.

Die Entscheidung

Seit der Eiger-Nordwand, seit dem 27. Juli 1983, war ich mehr oder weniger unbewußt auf den Mount Fitz Roy bzw. den Cerro Torre zugeschritten. Ich wußte, fühlte, für einen Achttausender war es noch nicht an der Zeit. Es mußte ein extrem schwierig zu erkletternder Berg sein – mein nächster Schritt.

Der Cerro Torre gilt unter Bergsteigern als einer der schönsten und schwierigsten Berge der Welt. Berichte in diversen Alpinzeitschriften haben ihn besonders in den letzten beiden Jahren bekannt und interessant gemacht. Der Gipfel des Torre ist 3.128 Meter hoch. Die Kletterstrecke vom Einstieg bis zum Gipfel beträgt etwa 1.800 Meter.

Der berühmte Italiener und Alleingänger, Cesare Maestri, einer der ersten alpinen Profis, und der Osttiroler Toni Egger hatten den Berg 1959 erstmals bestiegen. Beim Abseilen wurde Egger von einer Lawine mitgerissen. Seine Leiche wurde erst 1975 von einer Schweizer Expedition gefunden.

Theoretisierende Chronisten, die vom Bergsteigen oft keine Ahnung haben und schon gar nichts vom Cerro Torre wissen, haben die Berichte Maestris angezweifelt und seinen Erfolg, für den ohnehin ein viel zu hoher Preis bezahlt worden war, nicht anerkannt.

Deshalb kam er 1970 zu seinem „Schicksalsberg" zurück. Er wollte die Zweifler endgültig zum Schweigen bringen. Von einer italienischen Kompressorfirma gesponsert, arbeitete er sich Meter für Meter Löcher in den fugenlosen, senkrechten Granit bohrend den Südostpfeiler hinauf. Der arme Mann! Wegen widriger Wetter- und Wandverhältnisse mußte er knapp unter den gewaltigen Eisüberhängen des Gipfelaufbaues umkehren.

Sein Südostpfeiler, die heute leichteste Route, wurde erst 1979 von den Amerikanern Jim Bridwell und Steve Brewer vollständig durchstiegen.

Die Schwierigkeiten dieser Strecke werden mit dem IV., V. und VI. Grad bewertet, ganze dreihundert Meter müssen in ausschließlich künstlicher Kletterei an Normal- und Bohrhaken bewältigt werden. Im Eis werden Neigungen bis zu 80 Grad angegeben, doch das wechselt von Jahr zu Jahr.

Zu Ende der Sommersaison 1985, also ab Februar ungefähr, zählte der Cerro Torre zehn Besteigungen. Es war kein Alleingang darunter. Dieser nun war vorerst mein Ziel.

Zum großen Erstaunen der wenigen Menschen, mit denen ich in den Monaten des Vorbereitungstrainings im Herbst 1985 engeren Kontakt hatte, wußte ich von Patagonien und seinen Bergen nicht viel.

In zufällig gefundenen Artikeln war vor allem von gewaltigen Stürmen, dem ständigen Wind, dem schlechten Wetter die Rede. Für die Route am Südostpfeiler des Cerro Torre hatte ich mir eine Skizze mit Schwierigkeitsangaben von meinem Freund Hans Bärnthaler besorgt. Hans hatte es geschafft, den Torre in einem tollen Anlauf mit seinem Partner Manfred Lorenz im Januar 1985 zu besteigen. Seinen Bericht als einzigen hatte ich genau gelesen, und so hielt ich den Januar für die beste Saison in Patagonien.

Bei meiner Ankunft in Calafata sollte sich das als mein erster Fehler herausstellen. Doch davon später.

Ich glaubte, nicht mehr an Wissen zu brauchen. Mir schien das Wichtigste, daß ich wie der Teufel trainiert hatte und mich äußersten klettertechnischen Verhältnissen und widrigsten Schwierigkeiten gewachsen fühlte.

Mein Kopf war von vorgezeichneten Bildern ganz frei.

Als ich in Patagonien ankam, wurden daher meine Erwartungen nicht enttäuscht, ganz einfach deshalb, weil ich mir mit Ausnahme des Cerro Torre und des schlechten Wetters von nichts konkrete Vorstellungen gemacht hatte.

Ich war vollkommen auf mein Ziel, meine Aufgabe, diesen nächsten Schritt konzentriert. Ich lebte, trainierte, kletterte dafür und sah keinen Sinn darin, meinen ohnehin schon halb blockierten Kopf noch zusätzlich mit Patagonien-Informationen zu belasten.

Mein Unternehmen sollte ja keine Urlaubs- oder Bildungsreise sein, während der man möglichst viel über Geschichte, Geologie, Land, Leute usw. erfahren will.

Darum ging es nicht.

Wenn ich in Trainingspausen und Ruhephasen las, war es wie üblich Belletristik: mein geliebter William Faulkner vor allem, Halldor Laxness, der mir bis dahin unbekannt war, Siegfried Lenz, Honoré de Balzac.

Außerdem halte ich das immer so: Über die Bergsteigerei selbst lese ich nicht viel. Mit seltenen Ausnahmen gleicht ein Bericht dem anderen, sie langweilen mich. Ich weiß aus eigener Erfahrung zu genau, wie das alles vor sich geht: Selbstüberwindung, Strapazen, Zweifel, Abgründe, Tiefe, Stürme, Gefahren, Angst. Und das Klischee vom Gipfelglück.

Ich klettere, das liebe ich, es ist glücklicherweise mein Beruf geworden. Ich gehe allein in die Berge, weil ich herausgefunden habe, und das schon vor ziemlich langer Zeit, daß ich ohne Partner besser bin. Ich liebe beim Klettern die Spannung in meinem Körper und in meinem Geist. Das sind Komponenten des Bergsteigens, die einander zu einer herrlichen Einheit ergänzen.

Das Klettern und die Berge haben mich erzogen und mich die wichtigsten Regeln auch fürs Leben gelehrt, vor allem: Sei dir selbst genug, vertraue nur dir selbst! Denn wenn man sich selbst nicht vertraut, wie soll man da erst a n d e r e n vertrauen? Bzw.: man vertraut ihnen zu sehr! Wodurch man erstens zum Spielball der Meinungen anderer wird bzw. pausenlos Enttäuschungen erliegt.

Ich klettere, das ist ganz einfach. Es ist so ursprünglich, natürlich, so bestimmt und klar. Es hat nur mit mir selbst, mit meinem Körper und meinem Geist zu tun. Was ich beim Klettern von mir und über mich selbst lerne, kann ich dann weitergeben. Und das tue ich gern. Trotzdem hat niemand Einfluß auf mich, wenn ich in den Bergen bin. Dort oben kann mir auch keiner helfen: nicht der liebe Gott, den ich wohl hin und wieder anrufen mag, und auch niemand anderer. Mein Klettern, mein Alleingehen ist durch und durch aktiv, und die Tat ist meiner Meinung nach das wichtigste. Sie ist Ausdruck und Erklärung genug und braucht keine Entschuldigung und keine Rechtfertigung.

Mit sorgfältigst ausgewählter Ausrüstung, den Flugtickets hin und retour, ohne die geringsten Spanischkenntnisse – ich wußte, mein Italienisch würde mir sehr helfen – und mit der Routenskizze vom Cerro Torre bin ich nach Patagonien geflogen.

Bei dieser lässig und fast unprofessionell scheinenden Einstellung – die ich aber, wie gesagt, für mich als die optimale erachte – passieren natürlich leicht gewisse unangenehme Fehler.

Der erste wurde mir gleich bei meiner Ankunft in Calafate, dem letzten Flughafen, bewußt gemacht.

Die beste Zeit für die patagonischen Gipfelbesteigungen ist nämlich nicht der Januar (1985 war eine seltene Ausnahme gewesen, mein Freund Hans Bärnthaler hatte großes Glück gehabt), sondern sind die Monate Oktober/November. So hatte der Schweizer Marco Pedrini eben erst im November in einer ungewöhnlich langen, 19tägigen Schönwetterphase den Cerro Torre als erster im Alleingang besteigen können.

Die Temperaturen waren so sommerlich gewesen, daß er vom Einstieg bis zum Gipfel im T-Shirt geklettert ist. Die Verhältnisse waren, bedingt durch diese Wärme, ebenfalls einzigartig: Marco Pedrini soll den gesamten Südostpfeiler ohne Steigeisen durchstiegen haben.

Er war mit Kameraden und einem Filmteam nach Patagonien gekommen. Zum Alleingang hatte sich der Spitzenkletterer, nur verlockt durch das schöne Wetter, entschlossen. Es war nicht sein vorrangiges Ziel gewesen. Insgesamt hat Pedrini den Cerro Torre dann, auch für Filmarbeiten, dreimal besteigen können.

Blieb mir nur, verblüfft, aber aufrichtig zu gratulieren. Meine bis dahin gehegten Pläne waren dadurch freilich gründlich durchkreuzt. Der zweite zu sein paßte mir in diesem einen Fall gar nicht. Das Ziel, zum ersten Mal eine Alleinbegehung des Cerro Torre zu schaffen, hatte – über die rein alpinistische Schwierigkeit hinaus – der Unternehmung einen besonderen Reiz verliehen.

Am 9. Januar endlich am Ende der Straße, im Nationalpark des Fitz Roy angelangt, mußte ich zudem erfahren, daß gerade eine jugoslawische Expedition auf einer neuen Route neben dem Südostpfeiler unterwegs war. Deshalb war – anders ließe sich eine so extrem schwierige Aktion an einem solchen Berg bei den herrschenden widrigen Wetterverhältnissen nicht durchführen – die ganze Wand vom Einstieg bis knapp unterhalb des Gipfels mit einer ununterbrochenen Kette von Fixseilen versehen. Diese ermöglichte den Abstieg in unglaublichen zwei Stunden, während man früher selbst bei guten Wetterverhältnissen normal abseilend einen vollen Tag dafür gebraucht hatte. Durch diese Fixseile war der Berg völlig entschärft. Das macht ja vor allem seine Schwierigkeit aus, daß es – im Gegensatz zu allen vergleichbar schwierigen Wänden in den Alpen – nicht genügt, sich eine extreme Wand hinaufzuarbeiten, sondern daß es überdies unumgänglich ist, über diese auch wieder a b z u s t e i g e n , ganz einfach deshalb, weil die Wand der „leichteste" Weg ist. Am Mount Fitz Roy ist die Situation dieselbe, nur war dort von Fixseilen keine Rede. Der Abstieg sollte mit allen – ich muß schon sagen, Widerwärtigkeiten, wie klemmenden Seilen, Eiswasserfällen, Quergängen im steilen Eis –, meine ganze verbliebene Kraft und Konzentration fordern und dauerte insgesamt ungefähr neun bis zehn Stunden lang!

Als ich im Januar im Fitz-Roy-Nationalpark ankam, belagerten außerdem, was mir den Berg noch weniger anziehend erscheinen ließ, mehrere internationale Expeditionen den Südostpfeiler. Seit Dezember war das Wetter sehr schlecht gewesen.

Am 16. Januar, meinem Gipfeltag am Fitz Roy, sah ich mit freiem Auge einige Kletterer in der Gipfelwand des Torre. Alles in allem erreichten an diesem Tag sechzehn oder siebzehn Alpinisten den Gipfel!

Dort hatte ich nichts zu suchen. Erstens wäre es gar keine richtige Alleinbegehung geworden, weil ich mich dauernd an den Seilen der anderen Partien hätte vorbeimogeln müssen. Dann wäre die Steinschlaggefahr durch die vielen Kletterer stark erhöht worden. Das hätte tödlich für mich ausgehen können. Und nicht zuletzt, weil mich die tolle Alleinbegehung Marco Pedrinis anspornte, hatte ich mich spontan für den unvergleichlich imposanteren Fitz Roy, den Hauptgipfel Patagoniens, entschieden.

Dort waren kaum Fixseile, und die paar Expeditionen, die am Rio Blanco und in anderen Lagern auf Wetterbesserung warteten, hatten zumeist andere Routen vor als ich. Am Berg selbst, in der Wand, begegnete ich nur einmal kurz einer Gruppe von Argentiniern in ihrem Nachtlager.

Im übrigen zählt der Fitz Roy ähnlich wie der Cerro Torre zu den schönsten und schwierigsten Bergen der Welt. Eine leichte Route gibt es – wie gesagt – auch auf diesem Berg nicht.

An seiner Südseite leitet zwar ein verlockendes, schnurgerades und schmales Couloir, eine Eisrinne, die „Supercanaletta", 1.800 Meter fast bis zum Gipfel hinauf. Mit guten Nerven und bester Kondition käme man dort am schnellsten durch. Aber wie ich vom Nationalparkwächter erfuhr, war die Supercanaletta aufgrund der extremen Wärmeperiode im Oktober und November stark ausgeapert und zu großen Teilen, gerade in den entscheidenden Abschnitten, keine Eisrinne mehr. Die Felsen, die Steine, die normalerweise vom Eis überdeckt sind, liegen jetzt frei und krachen den ganzen Tag, auch vom Sturm in Bewegung gesetzt, den Fels-Eis-Schlauch hinunter. Dieser sonst so praktische Weg war im Augenblick ungangbar.

Ich wandte mich also spontan dem Fitz Roy zu. Eine genaue Skizze wie für den Cerro Torre hatte ich von ihm natürlich nicht. Als das Wetter sich am 12. Januar besserte, s a h ich den Berg und wußte nur: der ist es, dort muß ich hinauf. Den für mich günstigsten Weg hatte ich auf den ersten Blick entdeckt.

Wohl erinnerte ich mich, irgendwo gelesen zu haben, daß der bekannte italienische Alleingänger Renato Casarotto den Fitz Roy bereits im Alleingang, und zwar auf einer neuen Route, begangen haben soll.

Doch das war etwas anderes, ein ganz anderer Stil, eine ganz andere Generation als die unsere, als die von Marco Pedrini, der nur wenige Jahre älter ist als ich, und mir.

Die erste Alleinbesteigung des Fitz Roy

Zwar ist auch Casarotto im Alleingang am stärksten. Aber er verzichtet dabei nie auf Seil und Haken. Das *seilfreie* Alleingehen lehnt er für sich als zu gefährlich kategorisch ab. Im Laufe der Jahre und seiner vielen Erfahrungen hat er eine eigene Art der Selbstsicherung entwickelt: Er hängt das Seil an mehreren Haken wie bei einer Begehung in Seilschaft am Standplatz ein, steigt, an selbst geschlagenen Haken das Seil einhängend, bis zu einem nächsten Standplatz hoch. Hier fixiert er das Seil, läßt sich hinunter und steigt mit Steigklemmen – den Jumars – mit dem Rucksack wieder auf. Das Seil bleibt meist als ein weiteres Glied der Fixseilkette hängen. Auf diese Weise hält er sich ständig den gesicherten Rückzug offen.

Ich selbst habe mich seit meinem neunzehnten Lebensjahr nicht mehr für diese Methode interessiert. Seit damals wähle ich nur mehr solche Routen für den Alleingang, die ich in absoluter Freikletterei bewältigen kann. Von vornherein verzichte ich dabei auf jegliche Seilsicherung.

Die Casarotto-Methode des Alleingangs ist unendlich anstrengend, mühsam und vor allem sehr zeitraubend. Kurze Schönwetterphasen, wie sie vor allem in klimatisch extremen Gebieten wie in Patagonien vorherrschend sind, lassen sich da selbstverständlich nicht so effizient nützen, als wenn man wie ich ungesichert Tausende Meter hohe Wände durchjagt.

Mir bleibt ja auch gar nichts anderes übrig, als schnell zu sein. Dafür hat Renato Casarotto unvergleichlich größere Sicherheitsreserven im Falle, daß das Wetter unvorhergesehen umschlägt.

Die vor allem physischen Dauerleistungen, die der Italiener bei seinen wochenlangen Alleingängen erbringt, kann man sich kaum in vollem Maß vorstellen. Mehr als eineinhalb Monate insgesamt für den Fitz Roy. Sechzehn Tage nonstop für die Erstbegehung der Nordwand des Huascaran Norte in den peruanischen Anden. Mehr als zwei Wochen für seinen gewaltigen Winteralleingang am Montblanc. Im Karakorum, auf dem fast 8.000 Meter hohen Broad-Peak-Nordgipfel, hat er eine neue Route gefunden. Dabei soll er bei einem Schlechtwettereinbruch elf Tage lang in 7.000 Meter Höhe in der Wand in einem winzigen Biwak ausgeharrt haben – und hat dann doch noch die Kraft gefunden, weiterzugehen!

Man sieht, zwischen der Art und Weise unserer Alleingänge besteht ein himmelhoher Unterschied. Diese unglaubliche Zähigkeit, mich Tag für Tag, Woche für Woche und Meter für Meter die höchsten Wände unter den widrigsten Bedingungen hinaufzuarbeiten – mit all dem Material und all der in der Folge nötigen Zusatzausrüstung –, hätte ich nie. Das könnte ich genausowenig, wie bereits von mir im Alleingang durchstiegene extreme Berge nochmals allein zu begehen. Für das eine fehlte mir die Geduld, für das andere die Motivation. Casarotto verkörpert zweifellos einen ganz anderen Bergsteigertyp als ich. Er stammt aus Vicenza, ist Krankenpfleger und fast auf den Tag genau vierzehn Jahre älter als ich.

Vor allem in Italien kennt ihn eine breitere Öffentlichkeit.

Um eine ungefähre Vorstellung von seiner Methode zu geben, will ich den Bericht, den Casarotto im American Alpine Journal über seine Erstbegehung des Nordpfeilers, den er seiner Frau gewidmet und „Goretta-Pfeiler" genannt hat, kurz nacherzählen:

Er war im Rahmen einer Expedition schon im Frühjahr 1978 am Nordpfeiler gewesen. Man scheiterte wegen schlechten Wetters und aus Zeitmangel.

Am 8. November desselben Jahres verläßt er Europa wieder, zusammen mit zwei weiteren Expeditionsteilnehmern und mit seiner Frau. Sie wollen gemeinsam die Erstbesteigung des Nordpfeilers in Angriff nehmen.

Die umfangreiche Ausrüstung schaffen sie, wie das auch heute noch üblich ist, vom Ende der Straße mit den vorhandenen Pferden und Maultieren zum Basislager am Rio Blanco. Casarotto schätzt die Distanz bis dahin auf ungefähr zwölf Kilometer. Ich selbst habe bei meinen zwei Versuchen nie beim Aufstieg dort biwakiert, sondern diese Strecke immer vom Ende der Straße, vom Nationalparkwächterhaus aus, übersprungen.

Vom Basislager tragen Casarotto und seine Kameraden die Ausrüstung hinauf bis in die Eishöhle am Gletscher unterhalb der Wand.

Am 6. Dezember verlassen seine beiden Kletterfreunde, entmutigt von den Stürmen und den wilden Wänden, die Expedition. Casarotto bleibt allein zurück und beschließt, den Alleingang zu wagen. Erfahrungen damit hatte er ein Jahr zuvor in den sechzehn Tagen in der Nordwand des Huascaran gesammelt. Wochenlang arbeitet Casarotto jetzt allein, um den gesamten Nordpfeiler mit Seilen zu versehen. Er steht in ständigem Funkkontakt mit seiner im Basislager wartenden Frau.

Ein Zelt, das ihm der Sturm mehrmals zerfetzt, hat er am Fuß der Wand aufgestellt. Immer wieder muß er die Seile ersetzen. Auch sie werden oft vom rasenden Wind zerstört...

Nach vielen wetterbedingten Verzögerungen und Rückschlägen, immer wieder auf- und absteigend, erreicht Renato Casarotto am 19. Januar 1979 als erster Mensch im Alleingang den Gipfel des Mount Fitz Roy.

Diese über mehr als sechs Wochen erbrachte Leistung, seine Konsequenz und Ausdauer vor allem, seine Unverdrossenheit – das ist wohl der richtige Ausdruck – sind gar nicht hoch genug zu achten.

Diesen Artikel im American Alpine Journal hatte ich mir ein paar Wochen nach meiner Rückkehr vom Fitz Roy besorgt. Im Zusammenhang mit Renato Casarotto, dem ersten Alleingänger am Fitz Roy, ist mir nämlich der zweite „patagonische" Fehler passiert, und der ist meiner Lässigkeit, was alpin-geschichtliches Wissen und Information anbelangt, zuzuschreiben.

In Wien am Flughafen angekommen, bezeichnete ich mich in einem ersten TV-Interview als den „ersten Menschen, der den Mount Fitz Roy im Alleingang bestiegen hat".

Dieser Irrtum, für den ich mich mehrmals öffentlich und auch bei Casarotto selbst entschuldigt habe, resultierte aus einer unverständlichen Falschinformation, die ich im Nationalpark beim Fitz Roy erhalten hatte.

Man muß sich die Gegend so vorstellen: Von Calafate, dem letzten Flugplatz aus, führt eine einsame Schotterstraße fast dreihundert Kilometer durch einen höchstens von drei oder vier Haziendas besiedelten kargen Landstrich. In Calafate mieten wir Bergsteiger einen Bus und fahren bis zum Ende der Schotterstraße, wo, mitten im Fitz-Roy-Nationalpark, eine Art Gasthaus und ein paar Hütten stehen. Hier erscheint sofort, kaum steigt man aus dem Wagen, der Nationalparkwächter, der „Guardaparque". Er notiert Namen und Paßnummer der Ankommenden. Jeder, der in die Berge will, muß einen Revers mit genauer Angabe seines Zieles unterschreiben, und vor allem mit der Erklärung, auf eigene Verantwortung und eigenes Risiko zu gehen.

Ich mußte diese Unterschrift leisten, und Casarotto hat das genauso getan.

Der Guardaparque sitzt also direkt an der Quelle zu jeglicher alpinistischer Information. Verwundert erfuhr ich nach meinem ersten erfolglosen Blitzversuch am 13. Januar von ihm, dem Nationalparkwächter selbst, Casarotto sei gar nicht auf den Hauptgipfel des Fitz Roy gegangen, sondern er habe „nur" seine Erstbegehung fertiggeklettert, die auf einem Pfeilergipfel, der mehr als zweihundert Meter niedriger als der Hauptgipfel ist, endet. Ich aber, würde mein zweiter Versuch erfolgreich sein, wäre der erste Alleingänger, der den höchsten Punkt des Fitz Roy erreicht.

Das war nach der Enttäuschung mit dem Cerro Torre natürlich nicht unbedingt eine unangenehme Nachricht für mich. Ich habe sie, zumal ich sie aus erster Hand erhalten hatte, nicht angezweifelt.

Ohne auch nur die zeitliche Möglichkeit zu haben, in Europa in der einschlägigen Literatur näher nachzuforschen, gab ich bei meiner Ankunft in Wien das erwähnte Interview. In den folgenden Wochen wurde ich von Journalisten unsanft, aber gerechtfertigt auf meinen peinlichen Irrtum aufmerksam gemacht.

Dieser soll nun, zwar nicht zum ersten, doch zum allerletzten, endgültigen Mal korrigiert sein.

Renato Casarotto ist der erste Mensch, der den Mount Fitz Roy im Alleingang bestiegen hat. Er hat seine Expedition zusammen mit zwei Bergkameraden am 8. November 1978 begonnen und ist am 16. Januar auf dem Gipfel gestanden.

Ich kam als zweiter Alleingänger auf den Fitz Roy. Ich kletterte ohne Fixseile und ohne einen einzigen Haken zu schlagen in insgesamt 23 Stunden nonstop vom Gletscher zum Gipfel und zurück und sicherte mich dabei an exakt zehn Metern extrem vereister und verschneiter Strecke im VI. Schwierigkeitsgrad. Es war die erste Alleinbegehung der Amerikaner-Route, dem Chouinard-Weg.

Am 7. Januar bin ich von Europa aufgebrochen, und neun Tage später, am 16. Januar 1986, war ich auf dem Gipfel. Zahlreiche gestochen scharfe Dias beweisen das.

Renato Casarotto, der zweifellos auf der Welt seinesgleichen sucht und dessen „Stallkollege" ich geworden bin (wir stehen bei der gleichen italienischen Bekleidungsfirma unter Vertrag), ist zur Stunde zu seinem wohl größten Vorhaben unterwegs: Wieder im Alleingang, will er den bisher unbestiegenen Südpfeiler des K2, des zweithöchsten Berges der Erde, erklettern.

Dazu wünsche ich ihm alles nur erdenkliche Glück.

Rio Galegos – Calafate – Fitz-Roy-Nationalpark

9. Januar 1986.

Frühmorgens sind wir schon am Flugplatz und stellen uns in einer langen Schlange von Touristen an. Die meisten von ihnen wollen nach Calafate, um von dort aus mit Bussen die berühmten kalbenden Gletscher Argentino und Uppsala zu besuchen. Aber unsere gestrigen Bemühungen zeigen einen Erfolg: Unsere Reservierungen werden bestätigt, und wir bekommen Plätze in der zweiten Maschine. Der Flug führt über ungefähr dreihundert Kilometer und soll eine knappe Stunde dauern. Mit einem Bus hätte die Fahrt über einen Paß auf einer schlechten Schotterstraße anstrengende fünf bis sechs Stunden gedauert.

Ich freue mich schon über die gewonnene Zeit, sollte aber dieses vorschnelle Hochgefühl sehr schnell verlieren. Seit dem letzten Sommer habe ich kein Auto mehr und fliege statt dessen, in Monte Carlo lebend, von Nizza aus sehr oft. Flugzeuge und stürmische, gewittrige Flüge bin ich deshalb einigermaßen gewöhnt. Einen solchen Flug wie den von Rio Galegos nach Calafate habe ich aber noch nie erlebt. Wir fliegen schnurgerade in die schwärzesten Wolken hinein. Nicht einmal die abgebrühte Stewardeß, die sicherlich einiges Patagonisch-Stürmisches gewöhnt sein dürfte, erhebt sich von ihrem Sitz. Angeschnallt bleibt sie die ganze Zeit über sitzen, das sagt alles.

Es ist ein Jahrhundert-Gewitter, und, die Hände um die Lehnen geklammert, kalkuliere ich verzweifelt unsere Chancen, der übliche Wind kommt noch dazu...

Wie von einer mächtigen Faust geschüttelt und gepackt, reißt es die kleine Maschine, die vielleicht zwanzig Menschen fassen mag, auf und ab und hin und her. Gewaltige Kräfte zerren an den schwingenden Tragflächen, es rauscht und saust, immer wieder sackt das ganze Flugzeug für ewig scheinende Augenblicke ins Nichts ab. Ich frage mich, wie und woran sich der Pilot orientiert. Wenn man aus den Fenstern blickt, sieht man nur dunkelstes Grau, obwohl es noch nicht Mittag ist. Instrumentenflug, ich weiß schon, aber die Blitze und die elektrischen Ströme und... ob er die Möglichkeit einer Notlandung hat? Ist es nicht schon zu gebirgig hier? Die Landstraße führt doch über einen Paß. Die Maschine ist uralt. Verdammt. Ich bestehe nur mehr aus tiefer, wehrloser Angst. Immer wieder sacken wir ab, und mir

ist es, als stieße mein Magen jedesmal oben an die Kehle. Das hat in keiner
Weise mit diesem fast schon vertrauten (wenn auch immer noch verhaßten)
Gefühl zu tun, das ich von den Alleingängen her kenne. Beim Klettern habe
ich fast immer alles selbst in der Hand. Aber hier, in diesem so zerbrechlich
scheinenden Flugzeug, fühle ich mich einer übermächtigen Gewalt und
Gefahr ausgeliefert, hilflos und wehrlos, jeglicher Einfluß auf mein Schicksal
ist kurzfristig erloschen. Ich kann gar nichts tun, kann mich nur fügen, das ist
das Schlimme daran. Die anderen, ich sehe es nach der Landung an ihren
Gesichtern, leiden genauso wie ich.

Wir fassen es kaum, aber wir landen glatt und ohne Probleme auf der un-
asphaltierten Landebahn des winzigen Flughafens von Calafate. An einem
der nächsten Tage sollte eines der Flugzeuge hier am Flugplatz, von einer
Windbö erfaßt, bruchlanden...

Calafate ist ein kleiner, typischer Touristenort an dem riesigen, weit über
sechzig Kilometer langen Lago Argentino, in den die oben erwähnten Gletscher kalben. Es gibt verschiedene Busunternehmen hier, mehrere Hotels
und einen Campingplatz.

Ich sehe mich gar nicht lang um und organisiere sofort einen keineswegs
billigen, alten Bus. Bevor sie sich den Gletscherbrüchen und sonstigen
Sehenswürdigkeiten zuwenden, wollen meine Salzburger Freunde die Berge
sehen, die mein Ziel sind, und wir fahren gemeinsam hin. Das ist der letzte
Teil unserer gemeinsamen Reise. Es wird schließlich doch noch später Nachmittag, und der Buschauffeur wird unwillig, weil es ein langer, ungemütlicher
Weg bis zum Fitz-Roy-Nationalpark ist. Aber ein zusätzliches Trinkgeld
stimmt ihn um, und wir legen die holperigen zweihundertfünfzig Kilometer
in knappen fünf Stunden zurück.

Unnötig scheint mir, viele Worte darüber verlieren zu wollen, worum
meine Gedanken während der Fahrt kreisen...

Kurz vor Einbruch der Dunkelheit, es ist bald 22 Uhr, die Tage sind hier
im südlichen Argentinien während des Sommers erfreulich lang, kommen
wir am Ende der Straße an. War der Himmel in Calafate nur zu geringem
Teil bedeckt gewesen, so versperren hier in dieser wohl wildesten, hintersten
Ecke Patagoniens, dicke, dunkle Schlechtwetterwolken jegliche Sicht.

Nur beim Herfahren, aus ungefähr sechzig Kilometer Entfernung, haben
wir einen mächtigen, alles überragenden domartigen Felsgipfel, umrahmt
von schneeweißen Gletschern, ausgemacht, eine himalayagleiche, geheimnis-
volle Erscheinung: Es war der Mount Fitz Roy.

16. Januar, *ca. sechs Uhr früh, am Gipfeltag.*
Während der Traverse vom Ende des Couloirs über kombiniertes
Gelände zum Beginn der „Amerikaner-Route". Die Sonne wirft den
Schatten von Fitz Roy auf einen Gletscherberg („Cerro Sole").

In der Wand! *Tief blick nach ungefähr der Hälfte der "Amerikaner-Route". Auf jedem Absatz, jeder Zacke, jedem Tritt liegen Wassereis und Pulverschnee. Das erforderte kraftraubendes, mühsames Putzen jedes einzelnen Griffes und kostet sehr viel Zeit.*

Selbstporträt, aus der Hand fotografiert, in der glatten Verschneidung (VI. Grad) knapp unterhalb des Gipfelgrates. Ich bin schon ziemlich müde und seit mehr als elf Stunden unterwegs.

Der endlose Gipfelgrat! *Der pazifische Sturm kommt über dreihundert Kilometer brettebenes Inlandeis herangerast. Er hat selbst an senkrechtem, glatten Granit bis zu dreißig Zentimeter dick Eis angepackt. So können die leichtesten Stellen für einen ungesicherten Alleingänger zum unüberwindlichen Problem werden. Immer wieder war ich zu enervierenden Umwegen gezwungen.*

Gleich bei unserer Ankunft erscheint der freundliche Nationalparkwächter, der Quardaparque, und bittet um unsere Pässe und läßt uns die üblichen Formulare ausfüllen. Dann stellen wir im Schutz einer Baumgruppe unsere Zelte auf.

Es sind auch andere Leute da: Touristen, die der Ruf der herrlichen Berge hierher gelockt hat, und ein riesiger Lastwagen mit der Aufschrift: „Polish Expedition to Mount Fitz Roy and Aconcagua". Alpinisten lernen wir vorerst nicht kennen. Die zahlreichen Expeditionen aus aller Welt lagern in den verschiedensten Basislagern von Cerro Torre und Fitz Roy verstreut und warten seit Wochen bereits, wie ich bald erfahre, auf Wetterbesserung...

Das ist der patagonische Normalzustand: Warten.

10. Januar.

Sturm in der Nacht. Gewaltiges Tosen in der nahen Felswand, Rauschen in den Bäumen, knatternde Zeltwände. Ich habe wieder diese dem Fliegen vergleichbare hilflose Angst und schlafe sehr schlecht. Als der Morgen dämmert, läßt der Wind nach, und den ganzen Vormittag regnet es sehr stark.

Es ist kalt, und ich spüre den frischen Schnee in den Bergen. Der Zeltplatz hier liegt in zirka 400 Meter Seehöhe. Ich bin schon viel zu lang Bergsteiger, um mir irgendwelche Illusionen zu machen. Oben, auf den Gletschern, in den senkrechten Wänden, zum Teil zweitausend, dreitausend Meter höher als hier, ist die Hölle los. Jede Ritze, jeder Riß, jeder Vorsprung, jede Kante wird von Schnee und Eis verkrustet sein. Und ich werde keine Fixseile und keine Haken haben, ich muß mit nackten Händen und blitzschnell dort hoch, sonst habe ich keine Chance. Hier unten kann nichts passieren, aber mir reicht schon, daß im Laufe des Vormittags mein tolles Zelt zu lecken beginnt. Getestet und empfohlen von Reinhold Messner, steht auf einem Aufnäher darauf. Er besteht aus dem modernen Material Goretex und ist das teuerste, was mein Münchener Sportgeschäft zu bieten hatte. Es soll absolut wasserdicht und trotzdem atmungsaktiv sein, also kondenswasserfrei bleiben, und das ist auch der Fall. Nur hat man offensichtlich vergessen, daß die Seitenwände eines, wenn auch halbrunden Zeltes immerhin zusammengenäht werden müssen, und ich stelle jetzt leise verzweifelnd fest, daß diese Nähte immer mehr Wassertropfen durchlassen, und ich kann nichts dagegen tun...

In Patagonien, heißt es, gehört das alles dazu. Man tut gut daran, sich auf längeres Schlechtwetter und auf geduldiges Warten einzustellen. Das Glück, auf das ich genau wie alle anderen hier natürlich halb unbewußt vertraue, stellt sich vorerst nicht ein. Der Wind legt sich nicht, die Wolken reißen nicht auf, die Niederschläge werden nicht weniger, nur weil Thomas Bubendorfer in seinem Basislager angekommen und bereit ist, sich seinem Ziel zu widmen.

Am späteren Nachmittag wenigstens läßt der Regen etwas nach. Im besonders starken Wind unternehme ich eine kleine Wanderung über den einen Felsgipfel, der ein guter Aussichtspunkt ist, und steige ein paar Stunden in den umliegenden Hügeln herum.

Die Berge selbst sind freilich von mächtigen Schlechtwetterwolken verdeckt.

Ab Mitternacht setzt wieder der Regensturm ein.

11. Januar.

Regen und Sturm, und es wird immer kälter. Manchmal mischen sich gar schon vereinzelte Schneeflocken unter die Regentropfen.

Ich verzweifle ein bißchen. Ich fühle mich betrogen. In dem Bericht von Hans Bärnthaler war alles ganz anders. Da war von Sommer die Rede und von windstiller Hitze, genau um diese Zeit hier im Tal. Wind in der Wand, ja, damit muß man rechnen. Aber doch nicht damit, daß es mitten im argentinischen Hochsommer fast auf Meeresniveau schneit! Was muß sich da erst oben auf den Gletschern und in den Wänden tun! Seit Tagen geht es nun schon so, und ein Ende ist überhaupt nicht abzusehen. Seit Wochen sogar soll das Wetter schlecht sein, seit Wochen!

Die Vorstellung daran läßt mich überhaupt nicht mehr los, in immer weißeren Bildern malt meine Fantasie sich die ungeheuren Schnee- und Eismassen da oben aus. Dort will ich hinauf!

Von den Alpen her weiß ich zu genau, wie lang es dauert, bis die Sonne nach einem ordentlichen Wettersturz die steilen Wände putzt! Wäre ich hier in Chamonix bei einem ähnlichen Sturm, schneite es gar ganz unten, in der Stadt (die fast dreimal so hoch liegt wie mein Basislager hier...), ich würde keinen halben Tag verschwenden und führe an die Côte d'Azur. Ich wüßte ganz genau, das hätte keinen Sinn. Dabei ist in den Alpen mit einer gewissen Wahrscheinlichkeit mit einer länger anhaltenden Schönwetterperiode zu rechnen, wenn es besonders schlecht war; hier hingegen kommt eine Schönwetterphase, wie sie im November geherrscht haben soll, alle paar Jahrzehnte einmal vor.

Jetzt schneit und stürmt und friert es also, und ich habe mich auf alle Fälle auf widrigste Verhältnisse einzustellen. Selbst wenn sich das Wetter in ein oder zwei Tagen klären sollte, würde es vielleicht trotzdem völlig unmöglich sein, in meinem Stil, also ungesichert und ohne Haken zu schlagen, eine weit über tausend Meter hohe, extrem schwierige Felswand zu bewältigen. Ich fühle mich wieder einmal in eine Sackgasse ohne Ausweg gedrängt. Da nützt die ganze Kraft und Energie der Welt nicht, da mag ich motiviert und gespannt sein, wie ich will: Bei diesen Wetterverhältnissen ist einfach nichts zu machen. Nur untätig sein und warten.

Meine Cassetten, meine Musik lenken mich nicht mehr ab. Das Essen schmeckt mir nicht mehr. Die Passivität schnürt mir die Kehle zu. Nicht einmal meinen Faulkner kann ich mehr lesen. Am zweiten Tag schon wollte ich davonlaufen, weil es mir gleich hoffnungslos scheint, ob ich zwei Tage oder zwei Wochen oder zwei Monate warte. Weil es ganz einfach in Patagonien ausgeschlossen ist, halbwegs akzeptable Wandverhältnisse nach einem bereits mehr als zwei Wochen dauernden Schlechtwettereinbruch im Januar zu finden, und nur ein Narr sich irgendwelche Erfolgschancen für einen seilfreien Alleingang unter diesen Umständen ausrechnen kann.

Ja, nichts wie weg und die Straße hinaus und Auto gestoppt – da fahren drei, vier Lastwagen am Tag nach Calafate und dreimal die Woche ein Bus – und in Calafate gibt es ein Telefon: die gewisse Nummer wählen, mich ausweinen und Trost und Verständnis suchen.

Aber ich tue es nicht. Ich kann nicht sagen, warum ich bleibe. Packe den Rucksack mit sämtlichen Kameras, stopfe die Regenjacke hinein, und hinaus in die brettflache Pampa, stundenlang bis zum großen, dem Argentino ähnlichen Viedma-See. 320.000 Hektar Eiswasser. Eisberge. Enten. Wilde Pferde auf saftigen Weiden. Gürteltiere und Guanakos. Unendlich hoch oben die majestätischen Kondore. Vielleicht ist sogar ein Adler dabei. Wind, ja, und immer wieder Regenschauer, obwohl das Wetter hier draußen, fünf, sechs Kilometer vom Lager entfernt, vielleicht auch zehn, schon viel besser ist. Es staut sich nur an den Bergen, an den Wänden, die für die Wolken und die pazifischen Winde ein Bollwerk sind. Laufe stundenlang durch die menschenleere Weite, laufe und laufe, bleibe nicht stehen, fotografiere auch nicht, laufe nur.

Irgendwann komme ich an einer einsamen Hütte vorbei, am Ufer des Sees. In einer einzigen warmen Stube backt ein kleiner Gaucho frisches Brot. Er gibt mir schwarzen, süßen Kaffee, schneidet von einer Hammelkeule fettes

Fleisch, und ich esse mit in der plötzlichen Wärme glühendem Gesicht.

Dann wieder hinaus, weiter und weiter nirgendwohin, laufen, laufen in diesem ewigen Wind. Viel länger hätte ich diesen freundlichen Gaucho nicht ausgehalten, ihn, in seiner Heimatlichkeit. Der lebt hier, die Hütte gehört ihm, das ist sein Rasierzeug und seine Kleidung, seine ganze persönliche Habe. Er ist hier aufgewachsen, und, jede Wette, er ist zufrieden, das spürt man doch. Und ich, der erdverbundene Stier im Sternzeichen, so sensibel für das Gefühl von Zuhause und Heimat – wo, um Gottes willen, bin ich hier? Wieder frage ich mich, warum ich mehr und mehr will, warum ich nicht zufrieden zu Hause sein kann wie dieser Gaucho. Immer dieses Suchen und Streben und Weiter-Wollen. Diese Umwege nach Hause, wie elend erscheinen sie mir gerade jetzt.

„Der Alleingänger!" Will ich ein bißchen lächelnd, ein bißchen mitleidig, auch ein bißchen spöttisch will ich es sagen.

Läuft zügig mit gegen den Wind gesenktem Kopf, Du weißt, traut sich gerade gar nichts und fürchtet sich und sehnt sich nach nichts als nach Hause. – Und muß letztlich froh sein, daß da keine Schulter zum Anlehnen ist, daß alle Hoffnung, alle Kraft jetzt nur aus ihm selbst kommen kann. Denn Selbst-Vertrauen ist die wichtigste, unverzichtbare Voraussetzung zum Gelingen seines Vorhabens. Und er läuft ja, und er bleibt nicht stehen. Er weiß, das ist seine einzige Chance, und immer nur in Bewegung zu bleiben kann ihn retten.

Die Chance

12. Januar.

Und sollte tatsächlich gerettet sein!

Nämlich endgültig nicht nach Calafate zum Telefon getrampt und so, dage-
blieben, n i c h t die große, die einzige Chance verpaßt. Unbeschreiblich, mir
selbst unerklärlich, was mich gegen jede Überzeugung hier gehalten hat.

Heute früh jedenfalls treibt es mich nach einer weiteren stürmischen Nacht
wieder aus dem Zelt hinaus. Rucksack gepackt und, in die dem gestrigen
Viedma-See-Ausflug entgegengesetzte Richtung, dem großen Gletscherstrom
mit einer fatalistischen Entdeckerlust gefolgt. Bewegung!

Kein Regen, relativ wenig Wind, die Berge von Wolken versteckt, die all-
mählich heller werden. Gipfel habe ich immer noch keinen einzigen gesehen.

Nach ein paar Stunden verirre ich mich in urwaldähnlichem Gelände im
Sumpf. Die ganze Zeit habe ich derart konzentriert den Weg gesucht, daß
mir erst gar nicht auffällt, daß die Sonne scheint! Von meinem Standpunkt
aus sind die Berge von einem Hügelkamm verdeckt. An seinem Fuß mache
ich einen mächtigen Wasserfall aus und laufe, in der Hoffnung, ein paar gute
Fotos machen zu können, hin. Anschließend folge ich, zum Training sehr
schnell kletternd, dem steilen Lauf des Wassers, immer bergauf.

Atemlos oben auf dem Kamm angelangt, verschlägt es mir erst einmal die
Sprache: der Fitz Roy! Mir fast genau gegenüber, eine mächtige, böse verschneite Gestalt, klassisch in seiner Form, die Wände alle im Gipfel spitz
zulaufend, senkrecht, vollkommen vereist. Der Fitz Roy. Für eine Weile
klicken meine Kameras nicht. Noch nie habe ich so einen gewaltigen Berg
gesehen. Schaue und schaue und staune eine ziemliche Weile lang. Was für
ein Berg! Dort will ich hinauf, trotz der Massen von Schnee. Erschrecken hat
freilich keinen Sinn. Der Schnee gehört eben dazu.

Genauere Informationen über einen für mich mit meiner geringen Ausrüstung, meinem Kletterstil gangbaren Aufstiegsweg habe ich nicht. Mir zuge-
kehrt jedenfalls liegt die Nordwand mit dem von Renato Casarotto erstbe-
gangenen „Goretta" – dem Nordpfeiler. Die Nordwand hier kommt einer
Südwand in den Alpen gleich, Norden ist auf diesem Kontinent die Sonnen-
seite. Mit den Blicken ziehe ich einen Pfad über den unverspurten Gletscher;
gehe mit den Augen weiter über einen Grat bis hin zum mir am günstigsten

scheinenden Einstieg in die Wand; mache selbst aus dieser Entfernung einen sicherlich nicht ganz senkrechten Vorbau, eine kombinierte Rinne wahrscheinlich, aus, die einen ersten Zugang am ehesten ermöglichen dürfte; gleite dann, unsicher über die Fortsetzung des Weges, die letzte abschließende Wand, an die tausend Meter noch (!), hoch. Welche Route hier zu wählen sein wird, und ob es überhaupt eine für mich geeignete gibt, das muß ich an Ort und Stelle herausfinden.

Zweifellos wird der Schnee ein großes Problem. In einer absolut glatten Wand hätte man damit ein leichteres Spiel. Am Casarotto-Pfeiler zum Beispiel hält sich nicht viel. Nur macht dort künstliche Kletterei einen beträchtlichen Teil des Aufstiegs aus, das sieht ein erfahrener Bergsteiger sofort. Dort zu klettern bedeutet zeitraubendes Sichern, langsames, vorsichtiges Klettern, weil man nie ausschließen kann, daß so ein Haken nicht doch ausbricht. Und es bräuchte einen großen Aufwand an Material, und den habe ich nicht.

Renato Casarotto war ja seinerzeit, 1978/79, zweieinhalb Monate lang hier unterwegs. Anfangs zusammen mit den zwei Kameraden, dann allein, hat er wochenlang Seile und Haken, Zelte und Proviant hinaufgeschleppt. So will ich nicht klettern, das liegt mir nicht. Mein Stil ist ein ganz anderer. Es muß also einen günstigeren Weg geben, einen Aufstieg, der schnelles, freies Klettern mehr oder weniger ungesichert ermöglicht.

Doch zuerst muß ich dort sein, muß die Felsen aus der Nähe sehen. Einen ersten Eindruck, einen Überblick habe ich mir vorerst aber verschafft.

Jetzt gilt es, keine Zeit zu verlieren. Trübsal und Verzweiflung sind wie weggeblasen. Von einer Stunde zur andern bin ich ein neuer, plötzlich vor Energie und Zuversicht berstender Mensch.

Den gewundenen Weg ins Tal, ins Basislager in Rekordzeit hinuntergerast; Ausrüstung vor dem Zelt ausgebreitet und ruhig kalkulierend jedes einzelne Stück in den Rucksack gepackt.

Ich sagte an anderer Stelle schon, Fitz Roy und Cerro Torre zählen nicht nur wegen der extremen klimatischen Bedingungen zu den schwierigsten Bergen der Welt. Im Gegensatz zu allen großen Alpengipfeln, auf die bedeutende, vergleichbar schwierige Wände führen, gibt es hier keine „Normalwege“. Es existiert keine Möglichkeit, die höchsten Punkte über unschwieriges, ungefährliches Gelände zu erreichen.

Der Abstieg muß deshalb zwingend entweder gleich über die Aufstiegsroute führen oder über eine andere, kaum weniger riskante Wand. Hat man daher einen Gipfel erreicht, kann man noch lange nicht sagen, man habe es geschafft.

Denn erst, wenn man im Tal und in Sicherheit ist, wenn man den Berg und all seine Gefahren und Risiken überlebt hat, dann war man wirklich „oben", hat den Gipfelsieg wirklich errungen.

Der Gipfel ist ohnehin immer nur eine Station, ist nur ein weiterer entscheidender Punkt, in Glied in der Kette, ist wieder nur ein einzelner Schritt, den man durch die Qualität von unzähligen vielen vorhergehenden erreicht hat.

Auf dem Gipfel herrscht Einsamkeit. Es ist kalt und lebensgefährlich für den, der verweilen will.

Auf dem Gipfel laufen die Linien zusammen, da oben konzentrieren sie sich. Dort hat man die beste Aussicht, ja, und der müde Körper darf mit Recht für ein paar Minuten ruhen. Aber wie oft vermisse ich da oben das gesuchte Glück! In der Vorstellung der Laien erwartet den Bergsteiger da oben ein intensives Gefühl der Euphorie und des Glücks – nach all der Anstrengung und Strapaze. Wie sehr täuschen sie sich! Da oben geht es einfach nicht weiter, es gibt kein Höher, es ist in gewisser Weise etwas zu Ende gegangen. Das ist fast traurig. Je schwieriger und gefahrvoller der Aufstieg war, desto weniger kann man auf dem Gipfel empfinden. Man erhält am höchsten Punkt ein Signal, und kaum einer wird es übersehen: Du darfst nach Hause, es ist vorbei, du hast das Deine getan. Geh also zurück, steige ab – und bescheide dich.

Mehr ist es für den Augenblick nicht. Vorher, in den Träumen, und nachher, in der Erinnerung, mag es mehr sein. Da klärt sich die Arbeit zum Abenteuer, die Einzelheiten fügen sich zusammen zum Gesamtbild eines Berges von mythisch erscheinender Höhe. Wirklich oben war man erst, wenn man wieder unten ist, und ich schriebe gern, das wichtigste ist das Leben.

Da würde ich aber lügen, wenn ich das sagte. Manchmal nämlich vergesse ich mich, vergesse selbst meine Liebe, meine Wünsche, meine Träume, meine oft herrliche Erinnerung. Dann steige ich und steige und steige ich, weiter, immer weiter, von Griff zu Griff.

Eis und Schnee und Wind und eine wahnwitzige Wand: meinen Verstand, die Ratio, berührt es nicht. Ich muß handeln, in Bewegung sein, und es mag Augenblicke geben, da vergesse ich mich und handle, als gäbe es etwas Wichtigeres als das Leben.

Aber was?

Auf dem Gipfel heißt es doppelt achtsam sein; alle Kraftreserven mobilisieren und alle Konzentration, um heil hinunter zu gelangen.

Aufgrund seiner Schwierigkeit nimmt also der Abstieg von den beiden patagonischen Hauptgipfeln einen ungemein wichtigen Teil bei der Zeit- und Krafteinteilung, bei der allgemeinen Tourenplanung ein.

Mit derselben Ausrüstung wie auf den Eiger kann ich auf den Fitz Roy nicht gehen. Beim Eiger ging es nur um den Aufstieg. Die Wand mußte nicht abgeklettert werden. Mit meiner Erfahrung, dem Wissen um das Wetter, den Weg, die Verhältnisse in der Wand, war das Risiko bis zum Gipfel hinauf kalkulierbar gewesen. Daß ich gezwungen sein könnte, dieselbe Route aus irgendeinem Grund abzusteigen, konnte ich damals mit gutem Gewissen von vornherein ausschließen.

Jetzt, am Fitz Roy, handelt es sich um eine ganz andere Situation. Im Vergleich zum Eiger wird das Ganze mindestens doppelt so lang dauern. Da habe ich keinerlei Illusionen. Folglich ist auch die Wahrscheinlichkeit doppelt so groß, daß das hier ja besonders tückische und unberechenbare Wetter umschlägt und mich in der Wand unentrinnbar gefangenhält.

Ich muß auf alle Eventualitäten gefaßt sein. Deshalb trage ich im Rucksack, nicht um mich von vornherein zu sichern, aber um den Abstieg oder einen eventuellen Rückzug zu erleichtern, ein dünnes, speziell angefertigtes und zweifärbiges 100-Meter-Seil mit.

Beim endgültigen Gipfelgang in drei Tagen sollte ich es auf einer Strecke von exakt zehn Metern im VI. Schwierigkeitsgrad, in vollkommen vereistem, verschneitem und senkrechtem Fels benützen, um mich selbst provisorisch zu sichern.

Sonst packe ich für die Kletterei noch die beiden kurzen, in den gefrorenen Wasserfällen der Alpen hundertfach bewährten Eispickel ein.

Weiters dürfen die mit ihrer neuen Bindung blitzschnell anzulegenden Steigeisen nicht fehlen. Ein Hüftgurt und der unentbehrliche Magnesiasack dazu. Und vor allem, das Wichtigste: die speziellen Schuhe.

Es handelt sich trotz des Schnees um eine extreme Felswand. An der Droites, der Grandes Jorasses und am Eiger hat sich so besonders deutlich gezeigt, wieviel ich da mit den leichten, profillosen Kletterschuhen, in denen ich auch zu Hause an der Côte d'Azur trainiert habe, gewinnen kann. In ihnen hat man das beste Gefühl für winzige Leistchen, Löcher, Käntchen. Sie sparen im Vergleich zu den steifen, klobigen Kunststoffschuhen während der Extremkletterei unendlich viel Kraft, und ich gewinne bei meinem Stil eine Menge Zeit damit.

Ich verwende sie, wie es sich bewährt hat, an Stelle der üblichen warmen Innenschuhe und trage am Gletscher und im Eis die wasserdichten, steifen und dennoch leichten Schalen der Kunststoffschuhe mit dem dicken Profil.

Das restliche Material im Rucksack sind Proviant – Schokolade und gefriergetrocknete, federleichte Astronautennahrung, nur mit heißem Wasser aufzugießen; ein Gaskocher, die Isoliermatte und der Schlafsack.

Schließlich nicht zu vergessen die beiden robusten Spiegelreflexkameras und einige Wechselobjektive.

Insgesamt macht das Gewicht des Rucksacks zwischen fünfzehn und zwanzig Kilo aus.

Solange es das Gelände erlaubt, benütze ich Schistöcke zur Marscherleichterung.

Am frühen Abend noch zurück auf den Kamm, wo sich der Berg heute mittag zum ersten Mal gezeigt hat. Dort oben ist ein Tümpel, und ich rechne morgen früh beim Sonnenaufgang mit guten Motiven.

Da zahlt sich die abendliche, fast kontemplative Aufstiegsstunde schon noch aus.

Das Zelt mit der restlichen Ausrüstung bleibt stehen, wo es ist.

Morgen abend will ich zurück sein...

In die Schranken gewiesen

Der 13. Januar.
Tief atmend und aufgeregt die Nacht unter freiem Himmel verbracht. Weit und breit kein Mensch.

Sonne. Keine Wolke, kein Windhauch. Vorerst erfrischend kühle Temperatur. Aufgestanden bin ich lang vor sechs Uhr. Unentwegt versuche ich, die herrlichen Motive, den fantastischen Berg in all seinen Farben, die sich um diese frühe Zeit ständig verändern, mit den Kameras festzuhalten.

In fast zwei Stunden, auf wackeligen Holzstammbrücken über starke, klare Bäche balancierend, den Rio Blanco erreicht, der Ausgangspunkt und Basislager aller Fitz-Roy-Expeditionen ist.

Das ist ein wunderschöner Platz an einer lichten Quelle am Waldesrand. Viele bunte Zelte stehen hier und eine aus Baumstämmen zurechtgezimmerte Hütte mit allem Proviant. Keine Menschen. Es ist noch früh, sie schlafen wohl alle noch.

Die Distanz von meinem Zeltplatz bis zum Rio Blanco herauf wird mit acht Meilen – etwa zwölf Kilometer und einige hundert Höhenmeter – angegeben. Der ausgetretene Pfad führt durch eine wunderschöne, malerische Urlandschaft an abgeknickten Riesenbäumen und in der Nähe des herrlichen Capri-Sees vorbei.

Für diese Schönheiten habe ich aber während meines Marsches keinen sehr aufgeschlossenen Blick. Meine Gedanken sind die ganze Zeit oben und kreisen um den Aufstieg über den Gletscher und um die Verhältnisse in der Wand.

Der Weg bis jetzt war leicht und nicht steil, eine Wanderung. Lediglich beim Überschreiten der Holzstammbrücken waren Gleichgewichtsgefühl und ein gewisses Stehvermögen vonnöten gewesen. Trotzdem steht fest: Der Rucksack ist für ein schnelles, sicheres Weiterkommen im jetzt steiler werdenden Gelände viel zu schwer.

So lasse ich nach kurzer Überlegung den Schlafsack, warme Unterwäsche und alles sonstige beim Klettern entbehrliche Material in der Holzhütte zurück. Am Abend will ich, m u ß ich zurück sein.

Nach kurzer Rast, vor allem: viel trinken (!), den ersten steilen, gewundenen Pfad über den ersten Moränenrücken hinauf. An dem klassischen Fitz-

Roy-Fotomotiv, dem Gletschersee, links vorbei und von einsamen Stein-
männchen – zu kleinen Pyramiden aufgetürmte Steine – geleitet bis an den
linken oberen Rand des Gletschers.

Hier haben einige Mannschaften ein Materialdepot errichtet. Zwei verwit-
terte sonnengegerbte Bergsteiger, so an die fünfzig Jahre alt, Italiener, beide
rauchen stark, seilen sich gerade an.

Sie tragen noch die heute völlig unüblich gewordenen Kniebundhosen und
scheinen auch noch in den Bergsteigerbegriffen von vor zehn, zwanzig Jahren
zu denken.

Fünfzehnmal sind sie schon diesen gräßlichen Weg vom Rio Blanco herauf-
gestiegen, um Ausrüstung hochzuschaffen. Ihre Expedition wird von hohen
politischen Stellen und von einer Bank finanziert. Sie haben eine Grußkarte
mit den Namen der zahlreichen Sponsoren und mit der Ansicht ihres Zieles
drucken lassen. Drüben, an der Aiguille Poincenot, dem markanten Neben-
gipfel des Fitz Roy, versuchen sie mit mehreren Partnern einen neuen Weg.
Um die Wand zu erreichen, müssen sie jedes Mal einen der gefährlichsten
Gletscher queren, die ich je gesehen habe. Ihre Spur ist heute freilich tief verschneit, aber lange Stangen mit bunten Fähnchen markieren die günstigsten
Übergänge bei den wildesten Spalten.

Der eine Bergsteiger erzählt, sie wären schon seit Ende November an der
Arbeit. Der Fels an der Kante der Aiguille Poincenot ist aber besonders glatt
geschlossen und fugenlos, eisenharter Granit, und Meter für Meter Bohrhaken schlagend, kommen sie täglich nur wenige Dutzend Meter weit. Natürlich haben sie die ganze Wand mit Fixseilen versehen, und selbst aus dieser
Entfernung mache ich in zwei Drittel Wandhöhe zwei Kletterer ihrer Mannschaft als winzige Punkte aus.

Verwunderlich, daß es noch möglich ist, Geldgeber für derartige Unternehmen zu finden. Die Kosten meiner Reise, meiner Ausrüstung belaufen sich
zweifellos nur auf einen Bruchteil dessen, was der Aufwand für die glatte
Kante da drüben verschlingt. An die Zeit, die sie da drüben verbringen, täglich nichts als den ewig gleichen Gletscher und ein paar neue, ewig gleiche
fugenlose Quadratmeter Granit vor Augen, gar nicht zu denken.

Doch das geht mich eigentlich nichts an, mein Geld geben sie ja nicht aus,
und schließlich muß jeder vor sich selbst Rechenschaft ablegen, wie er auf die
Berge steigt.

Ich gehe weiter.

Eine frische Spur führt nach rechts über den anderen, weitaus weniger gefährlichen Gletscher. Nach einer knappen Stunde verliert sie sich für ein paar hundert Meter an einem problemlosen felsigen Grat, der rechts wohl ein paar hundert Meter tief senkrecht gegen einen anderen Gletscher zu abbricht.

Dann geht es über eine steilere Flanke, an der ich die Steigeisen anlegen muß, in eine Senke hinein. Sie liegt wieder am Fuß eines schroffen Grates mit gewaltigen Zacken aus Granit.

Hier, in die Schatten gekauert, die diese Felsblöcke werfen, rasten drei belgische Alpinisten.

Sie sind schon seit zweieinhalb Monaten in Patagonien und haben sich glücklos an verschiedenen Wänden versucht. Bevor sie nach Hause fahren, wollen sie endlich auf den Gipfel des Fitz Roy.

Es ist Mittag, am Himmel ziehen nur ganz zarte Streifen von dünnen Wolken. Noch immer kein Wind! Und es ist brütend heiß. Ich schmelze Schnee und verstaue ein paar Kekse in einem riesigen Iglu, den irgendeine Mannschaft in den letzten Monaten in die am Granitgrat endende Gletscherflanke gegraben hat.

Der Iglu wird als Materialdepot und letzter Stützpunkt vor den Fitz-Roy-Wänden benützt.

Gute Schneeverhältnisse am Gletscher vorausgesetzt, kann man die Einstiege am Fitz Roy von hier aus in 45 Minuten erreichen. Der Weg ist ungefährlich und nicht einmal besonders steil.

Vom Rio Blanco bis zum Iglu rechnet man mit zirka fünf Stunden Gehzeit.

Die Belgier waren aber gemeinsam mit vier Argentiniern heute schon um Mitternacht aufgebrochen!

Nach dem Ende der Steinmoräne, dort, wo ich die beiden alten Italiener getroffen habe, sind sie von den katastrophalen Schneeverhältnissen am Gletscher derart aufgehalten worden, daß sie abwechselnd spurend fast zwölf Stunden für die Strecke bis zum Iglu gebraucht haben. Es ist mein Glück, daß ich erst acht Stunden nach ihnen vom Rio Blanco aufgebrochen bin. Von ihren Spuren habe ich bisher sehr profitiert. Der Schnee war anfangs schienbeintief, in der letzten halben Stunde bin ich aber schon bis über die Knie in ihren Stapfen versunken!

Die Argentinier sind schon weitergegangen. Als ich hier ankomme, sehe ich den letzten ihrer Gruppe drüben um die Ecke in den Gletscherkessel hinein verschwinden.

Gemeinsam mit den Belgiern raste ich über eine Stunde lang. Es ist ein ganz egoistisches Motiv, das uns hier so lange festhält, denn müde bin ich wenigstens noch lange nicht. Wir wollen nämlich warten, bis die Argentinier möglichst weit gekommen sind, um dann kraftsparend und schnell in ihren Spuren nachzugehen. Ich entschuldige diesen Egoismus vor mir selbst durch den Umstand, Alleingänger zu sein und schnell und mit aller Kraft weiterkommen zu m ü s s e n , und beim sinnlosen Spuren im tiefen Schnee vergeude ich nur wertvolle Energie. Die lange Wand wird noch anstrengend genug! Meine belgischen Freunde hingegen halten sich zurück, weil sie müde sind, Patagonien-müde, psychisch erschöpft. Die ständigen Mißerfolge, das vergebliche tagelange Mühen haben ihre Motivation zwar nicht gebrochen. Aber die Moral und ihre Kräfte, die sie hier in diesem wilden Land auf ein einziges Ziel hin sammeln müßten – mit halber Kraft erreicht man keinen Gipfel –, sind angeschlagen und geschwächt. Noch dazu erwarten zwei von ihnen seit Tagen ihre Mädchen. Mit solchen Gedanken geht man besser nicht auf einen derartigen Berg . . .

Sie sollten auch am nächsten Tag, nach einer Nacht am Gletscher unterhalb der Wand, an den katastrophal schlechten Verhältnissen in der verschneiten Wand scheitern.

Ich bin ganz anders unterwegs, und sie schütteln fast bewundernd die Köpfe über den Unterschied.

Das geringe Gewicht meines halbleeren Rucksacks fassen sie kaum. Die ihren sind mit all der Biwak- und Kletterausrüstung sicher dreimal so schwer. Meine Kleidung ist dünn und leicht, meine körperliche Verfassung optimal, und das wichtigste, sie merken es neidlos an meinem ganzen Gehaben, an meiner spannungsgeladenen Ruhe, meiner Zuversicht: das wichtigste ist der Kopf, ist die Motivation, da halten die drei nicht mit.

Kurz nach 13 Uhr gehe ich weiter.

Um mich ein bißchen vor der Sonneneinstrahlung zu schützen, habe ich das Sweatshirt wie einen Turban um Kopf und Nacken gewickelt.

Die anfangs steile Flanke, die in den Gletscherkessel leitet, liegt kurz im Schatten. Hier stoße ich auf tiefen Pulverschnee und versinke trotz der Spuren der Argentinier bei jedem Schritt bis zum Bauch. Dann geht es wieder in die Sonne und ins weniger steile Gelände hinaus. Die Hitze trifft den Körper da wie ein Schlag. In den ersten Minuten stapfe ich wie geschockt und bewußt tief atmend unendlich langsam dahin. So eine Gewalt der Sonne habe ich nicht einmal bei den verwegensten Gletscher-Schitouren in den schweizerischen Hochalpen in vergangenen Frühsommern erlebt.

Und hier der Fitz Roy! Die Wand sollte doch das Kriterium sein. Es ist, als ginge mir bei jedem Schritt ein Quentchen Kraft verloren. Mir scheint, ich rinne aus. Es sind so viele Schritte. Dabei geht es die erste halbe Stunde lang in den Spuren der Argentinier vergleichsweise gut. Aber gleich nachdem sie außer Sichtweite des Iglus gekommen sind, haben sie sich im Flachen vollkommen erschöpft auf ihre Rucksäcke in den Schnee gesetzt. Sie sind ja seit fast vierzehn Stunden schon mehr oder weniger pausenlos unterwegs. Sie winken nur müde, als ich bei ihnen vorbeitrotte, und auch ich selbst grüße nur atemlos und matt. Wir haben uns noch nie gesehen, aber sie haben schon von mir gehört. „Locomotive from Austria", sagt der Älteste, Giuliengo. Aber mir ist schon seit einiger Zeit nicht mehr nach Power und Energie zumute.

Der Gletscher liegt makellos und unverspurt vor mir. Mir scheint, er sei gar nicht so steil, und es ist auch gar nicht mehr so weit bis zur Wand. 45 Minuten von unten, vom Iglu weg, denke ich – wenn die Verhältnisse gut sind. Ich sollte über drei Stunden brauchen. Der Schnee wird patzig und schwer. Er klebt sich an die Profile der Schuhe und hängt sich in wohl bis zu dreißig Zentimeter dicken Stollen an. Das Gewicht, das man so aus der jeweiligen Stapfe mit der Kraft der Oberschenkel zu ziehen hat, scheint einem doppelt so schwer. Wird die Stolle nach fünf, sechs Schritten zu dick, fällt sie von selbst ab, und für einen Augenblick ist der Fuß leicht wie eine Feder.

Gehe und gehe und keuche stumpfsinnig dahin. Kurz vor Beginn der Wand kommen die Argentinier und die Belgier nach. In meinen Spuren sind sie drei- bis viermal so schnell und sparen viel Kraft. Die Strecke aber, die sie am unteren Gletscher schon gespurt haben, ist bestimmt doppelt bis dreimal so lang wie das Stück, das ich hier allein gegangen bin, und ich danke ihnen im nachhinein. Wieviel Kraft ich wohl da unten gespart habe durch sie und wieviel Zeit!

Dann ist die Randkluft fast erreicht, der Übergang vom Gletscher in die Wand. Der Nordpfeiler, der Casarotto-Pfeiler, liegt deutlich rechts von hier, wirft hier seinen Schatten, und es wird schlagartig empfindlich kalt. Die letzten dreihundert Meter des Gletschers sind noch steil, und hier liegt wieder angehäuft ein fürs Schifahren herrlich geeigneter, grundloser Pulverschnee. Den genieße ich freilich heute nicht. Versinke bis über den Bauch und habe das Gefühl, bei jedem halben Schritt vorwärts „schwimmend" fast schon einen ganzen zurück zu tun.

Es sind elende Stunden, in denen die Erschöpfung für Augenblicke fast den

Verstand zu rauben droht. Da keimt eine Verzweiflung auf, eine jähe Klarsicht und ein Wissen um die Sinnlosigkeit meines Tuns, meines Wollens, auf diesen gottverlassenen Berg zu steigen, was mir niemand aufgetragen hat. „Warum, warum nur?" und: „Gib doch auf, dreh doch um, laß es sein", flüstert, nein: schreit es wieder einmal auf meinen Kopf ein, wie von außen, wie gar nicht aus mir selbst kommend.

Doch dann, um fast 16 Uhr, nach mehr als drei erschöpfenden Stunden, tief und dunkel trennend, endlich die letzte Spalte, die gefährlichste vielleicht. Ich habe die Wand erreicht.

Da bäumt sich gleich zum Auftakt, auf gute zwanzig Meter überhängend, von der Sonne stark zerfressenes, morsches, unkletterbares Eis auf. Ein dünnes, straff gespanntes Seil hat sich oben an der Kante, die den Einblick in den Weiterweg verwehrt, tief ins Eis geschnitten und verliert sich hier bei meinem Standpunkt grundlos im Schnee.

Ich lege, klatschnaßgeschwitzt und schon frierend von der kurzen Rast, die Steigeisen an, nehme die Pickel zur Hand.

Wieder einmal zeigt sich in diesen Stunden, wie wichtig die Wochen und Monate des oft so sinnlos scheinenden quälenden und schmerzhaften Trainings sind. Wie oft habe ich mich nicht am selben Tag nach dem Klettergarten, nach der Kraftkammer noch eine Stunde fast in Monte Carlo meine Bergstrecke hinaufgetrieben. Gerannt, bergauf, bergauf, bis zur totalen Erschöpfung, bis zum Erbrechen, bis zum Es-geht-nicht-Mehr fast.

Da kannst du immer wieder ungläubig staunen und schauen und meinen, ich sei ein Masochist, sei pervers. Versteh doch, ich muß vor allem beim Training, wo es nicht lebensgefährlich ist, immer wieder gegen meine eigene Faulheit, Bequemlichkeit, Trägheit ankämpfen und meine Grenzen ausloten, möglichst sogar überschreiten.

Wie sonst denn soll ich wissen, was ich kann?

Und in diese Bereiche zu gelangen ist nicht leicht. Das fordert Überwindung, ungeheure Anstrengung. Es ist unangenehm, es tut weh, und ich fürchte mich davor. Aber es muß sein. Hätte ich nicht die Fähigkeit, ja sogar immer wieder das Bedürfnis dazu – oder treibt mich vielleicht einfach das Wissen um die absolute Notwendigkeit an? –, was unterschiede mich von den anderen?

Wäre der eine oder andere von uns nicht in der Lage, auf gewissen Gebieten mehr aus sich herauszuholen, mehr zu geben, sich mehr abzuverlangen, mehr zu leiden, meinetwegen, wenn es denn so genannt werden will, wir wären doch alle gleich und kämen wohl kaum vom Fleck. Der Unterschied hörte sich auf, der alles in Bewegung hält und der das Leben ausmacht, und wir gingen vor Langeweile und Einförmigkeit zugrunde.

In gewissen Perioden trainiere ich bis an die Grenzen meiner Kraft. Oft gibt es gar kein konkretes vordergründiges Ziel. Aber immer ergeben sich bei den Alleingängen – oft ein halbes oder gar ein ganzes Jahr nach einer dieser wilden Trainingseinheiten – Grenzsituationen. Da greift der Körper, der nichts vergessen hat, in dem nichts verlorengeht, auf jede einzelne Trainingsminute zurück und profitiert davon.

So scheint es auch heute, hier an dieser Randkluft zu sein, nach den Stunden in der Sonnenglut am Gletscher. Ich glaubte schon, vor Hitze und Anstrengung mich übergeben zu müssen, und bin doch an dieser überhängenden Eisstelle nach fünf Minuten wieder wie frisch.

Den Kreislauf hatte ich nämlich an höchste Belastung bei großer Hitze schon in Monte Carlo gewöhnt. Für das Lauftraining hatte ich die Mittagszeit gewählt und war sogar teilweise mit nacktem Oberkörper gerannt, um den Körper aufs äußerste zu belasten und zu dehydrieren. Hier am Gletscher ist die Situation zwar eine ganz andere, aber die Belastung dürfte ähnlich sein.

Das rasende Herz hat sich jedenfalls schnell beruhigt, jetzt schlägt es fast im normalen Maß, und die Lungen pumpen auch gleich nicht mehr so atemlos.

Es kann weitergehen.

Zunächst scheint diese überhängende Randkluft ein unüberwindliches Problem. Klettern ist wegen des sonnenzerfressenen löcherigen Eises unmöglich. Für einen Aufstieg an fixen Seilen bin ich aber nicht vorbereitet, dafür habe ich keinerlei Ausrüstung.

Am Fitz Roy ist der „Zustieg" zu einigen Routen auf dieser Seite des Berges nur über diese zirka 250 Meter hohe Fels/Eisrinne zu erreichen. Expeditionen haben schon vor fast dreißig Jahren diesen Teil des Anstieges mit fixen Seilen versehen. In den folgenden Jahren ist es für alle Bergsteiger zur Gewohnheit geworden, mit Hilfe von Steigklemmen, den „Jumars", an diesen (oft morschen, von Wind und Wetter und von Lawinen, Stein- und Eisschlag beschädigten) Seilen bis zu einem abschließenden Grat hinaufzusteigen.

Tiefblick *von ganz oben über den halben Gipfelgrat hinüber zum Cerro Torre und auf das Inlandeis im Hintergrund. Der Fitz Roy überragt den Cerro Torre um mehr als dreihundert Meter.*

Am Gipfel nach vierzehn Stunden

h bin oben. *Es ist der höchste Punkt.
Rechts von meinem Knie der Cerro Torre.
Foto mit Leica R-4-Selbstauslöser.*

17. Januar 1986. *Zurück im Basislager. Ich bin unten, in Sicherheit,
gesund, nur mit wunden, angefrore-
nen Fingern und zerrissenen Lippen.
Die Strapazen des gestrigen 23-Stun-
den-Tages sind vergessen, im Augenblick ins Unterbewußtsein verdrängt.
Ich habe es tatsächlich geschafft.*

Ich konnte das nicht wissen. Ich s a h den Berg ja gestern zum ersten Mal, und meine einzige Information darüber besteht in diesen Blicken, in diesem Abschätzen und Abwägen.

Ohne die Argentinier wäre mein Unternehmen wohl hier zu Ende gewesen. Aber sie (und auch die Belgier und die am späteren Abend noch nachkommenden Schweizer und die Spanier und Jugoslawen am nächsten Tag) wissen um die Fixseile, und sie haben Jumars mit. Das paßt denen ganz gut, daß ich als erster über die Randkluft will. Das Seil muß nämlich oben an der Kante aus dem Eis gepickelt werden, was frei hängend eine mühsame, sehr anstrengende und auch riskante Arbeit ist.

Sie geben mir also ein Paar Steigbügel für diese Stelle. Die haben einen bequemen Griff für jede Hand, und daran ist eine Schlinge gebunden, in deren Ende man steht. Diese Griffe eingeklinkt in das Seil – bei Belastung arretieren sie sich – und wechselweise Arm und Bein hochgezogen.

Nach einem neuerlichen Schweißausbruch stehe ich endlich über der obersten Eiskante und bin in der Wand. Die Steigbügel werfe ich den wartenden Argentiniern zu, und dann „sprinte" ich endlich los!

Denn jetzt bin ich endlich in meinem Element, alles andere war nur ein Vorspiel, Fleißaufgabe, hat nur zum Aufwärmen gedient. Jetzt sind steiles Gelände, Fels und Eis an der Reihe, jetzt wird es endlich extrem, jetzt beginnt die eigentliche Kletterei!

Was sollen da Steigbügel und Fixseile. Das Eis und die Felsen sind nicht morsch, hier geht es sehr wohl hinauf. Schnee, ja, Schnee überall, das Gelände ist tief verschneit. Das gute, gesunde, solide Eis, das alle Möglichkeiten bietet, liegt darunter versteckt und hilft heute nichts. Aber die widrigen Verhältnisse steigern nur die Schwierigkeiten, und Schwierigkeiten bin ich gewohnt, deshalb bin ich ja hier. Da gibt man eben, was man zu geben hat.

Als immer kleiner werdende Gestalt machen mich die am Gletscher schon im schattigen Biwak liegenden Belgier aus.

Beine meist weit gespreizt, Arme mit den Pickeln über den Kopf gestreckt und in zweifelhaften Schnee geschlagen. Oft den Pickel an der Schlaufe am Handgelenk baumeln gelassen und mit der Hand die Felsen vom Schnee geputzt. Hoch und höher auf diese Weise, zögernd oft, aber stetig. Überall Schnee. Fels und Eis.

Einen dünnen Pullover, den, der vorher mein Turban war: mehr trage ich nicht; und doch ist mir nicht kalt.

Der günstigste Weg führt hier durch eine Rinne. Sie ist so schmal, daß ich

161

ihre Begrenzungen mit gespreizten Beinen berühren kann. So läßt sich optimal Druck ausüben, und die stählernen Steigeisen finden scharrend selbst auf vereistem Granit nach Halt.

Wenn ich so konzentriert klettere, vergesse ich die Zeit und mein Ziel. Mein Sehnen nach Hause, meine Einsamkeit, Dich sogar, weißt du, vergesse ich fast. Ich rede wohl in Gedanken mit Dir, mit mir selbst und beruhige u n s . „Mach Dir keine Sorgen, ich kann das schon." Aber w i r sind nicht von Bedeutung im Moment, wir zählen nicht, und auch der Gipfel, auf den ich steigen soll, darf nichts gelten. In diesen Stunden geht es nur um den nächsten halben Meter. Sie summieren sich unmerklich, werden mehr und mehr, und die Tiefe wächst unter mir.

Weißt Du, während derart extremer Kletterei bewegt man sich ständig in einem Mikrokosmos. Man weiß, die Wand ist hoch, der Gipfel unendlich weit oben. Das Gelände senkrecht, die Felsen voller Eis und Schnee, widersetzen sich hartnäckig.

Im Vergleich zur Riesenhaftigkeit der Wand ist der halbe Meter, der als nächster zu bewältigen ist, und oft weiß ich lange nicht, wie, ist dieser halbe Meter nichts. Darüber hinaussteigen zu wollen scheint meist lächerlich und sinnlos, es geht so langsam, und ich glaube oft, s o würde es nie gehen.

Plötzlich führt eine dieser schmalen Rinnen über einen abschließenden Überhang in die nächste, die wieder überhängend endet. Nichts als scheußliches, gefährliches Gelände sehe ich. An vielen Stellen gibt es kein Zurück, und die Schwierigkeiten steigern sich. Die Fixseile, dort, wo die Argentinier steigen, laufen ungefähr vierzig Meter rechts von hier. Ein Problem ist mit List und ganz feinen Verschiebungen des Körpers, unmerklichen Gewichtsverlagerungen oft nur, überwunden worden, schon ist das nächste da. Und es ist für diesen Moment mein einziges, mein allergrößtes Problem, viel wichtiger als der Gipfel und all meine Träume und Wünsche und Sehnsüchte. Nur dieses sehe ich, darüber hinaus gehen meine Gedanken nicht, ich konzentriere mich völlig auf den nächsten Schritt, der für mein Leben jedesmal entscheidend sein kann. Die einzige Hilfe ist der Abgrund. Er ist immer da im Hinterkopf, er mahnt zur ständigen Vorsicht und schärft unentwegt sämtliche Sinne.

Aufgepaßt, dann passiert auch nichts.

So geht es mehr als zwei Stunden. Es ermüdet mich nicht. Die Spannung ist viel zu groß.

Auf den letzten fünfzig Metern treffe ich wieder auf die Fixseile. Hier ist die Kletterei nicht mehr extrem. Felsen jetzt, ein kleiner Kamin, und dann kurz ein flacher Grat. Die Sonne ist untergegangen. Neunzehn Uhr. Drüben der Cerro Torre, endlich sehe ich ihn. Von den Gletschern, die ihn umrahmen, fegt ein eisiger Wind herauf.

Endlose Granitfluchten, soweit das Auge reicht. Da die nächste, die letzte Fitz-Roy-Wand. Schattig ist es, und die Kälte fährt mir in den paar Minuten, die ich verharre und das Gelände in Ruhe taxiere, bis ins Mark.

Ich muß mich weiterbewegen. Klettere gut zehn Minuten lang über glatte Risse den kurzen Grat hinauf, bis er in Schnee und Eis übergeht und direkt an der Gipfelwand endet. Diese ist senkrecht, glatt und nur von wenigen dünnen Rissen, die voller Eis sind, durchzogen. Schwer vorzustellen, daß hier viel frei geklettert werden kann.

Die gut informierten Belgier haben mir vorher erzählt, daß über diese Nordwestwand die „Argentinierroute" führt. Sie ist tatsächlich zum Teil in künstlicher Kletterei zu durchsteigen. Bei der herrschenden Kälte und all dem Eis und Schnee in der Wand ist an sportliches Freiklettern, noch dazu im Alleingang, nicht zu denken.

Für mich und meinen Kletterstil kommt also nur die „Chouinard-Route" in Frage. Links von der „Argentinierroute" ist sie im Profil zu sehen. Es ist eine der Sonne abgewandte Wand, die den ganzen Tag im Schatten liegt.

Um an ihren Fuß zu gelangen, müßte ich kurz auf einen Gletscher absteigen und in einer geschwungenen Mulde, auf die ich von meinem Standpunkt beste Einsicht habe, über später sehr steil scheinendes Eis und kombiniertes Gelände hochgehen. Am Gletscher ist der Schnee bestimmt wieder pulverig und tief.

Neunzehn Uhr. Bleiben drei, dreieinhalb Stunden Tageslicht. Wie kalt es ist. Von der mächtigen, eisstarrenden Wand weht es warnend herüber. Es ist wie ein tödlicher Hauch, der von dem gut achthundert Meter hohen Granitblock ausgeht, und plötzlich ist mir bis ins Herz hinein eiskalt.

Das Wetter ist herrlich, Patagonien! Vielleicht ist morgen der letzte schöne Tag. Die Verlockung, weiterzugehen und alles auf diese eine Karte zu setzen, ist groß. Aber alle meine Sinne, all meine Erfahrung, meine Intuition drängen zur Umkehr. Heute habe ich ganz einfach keine Chance, es soll nicht sein, nüchtern betrachtet habe ich eine unglaubliche Strecke hinter mich gebracht. Es ist freilich nicht der Gipfel, nein, und sonst zählt im Endeffekt nichts. Auch bei besseren Verhältnissen wäre der Erfolg nicht sicher. Und heute müßte ich biwakieren, ohne Schlafsack, im leichten Pullover, ohne Gaskocher, Proviant und Biwakzeug. Trotz der Kälte würde ich wohl überleben, die Nächte sind relativ kurz, aber morgen wäre ich in einem Zustand, der zweifellos keinen Aufstieg mehr erlaubte.

Ich begrabe also innerlich alle Hoffnungen, schließe gleichsam voreilig, um den Schmerz und die Enttäuschung nicht allzu heftig werden zu lassen, die ganze Patagonien-Reise mit diesem Mißerfolg ab und kehre um. Felsenfest bin ich überzeugt davon, daß so ein Tag nicht wieder kommt. Patagonien: Anzunehmen, daß die nächsten drei Wochen wieder Schlechtwetter herrschen wird, Sturm und Schnee. Nichts zu machen.

Abgeseilt über die Fixseile, an denen die vier Argentinier immer noch aufsteigen. Die sind für mehrere Tage und Nächte am Berg bestens ausgerüstet.

Die Kletterausrüstung binde ich am Seil an der Randkluft fest. Sie soll hierbleiben, am Berg, was soll ich zu Hause, in Europa, noch damit. Ich bin gescheitert, es ist meine eigene Schuld, im Oktober und November ist die beste Zeit. Zwei bekannte Tiroler Bergsteiger, Rudi Maier und Robert Purtscheller, haben den Fitz Roy über die Argentinierroute in zwölf Stunden bestiegen! Zu dieser Zeit hätte ich kommen müssen.

Und gehe den ganzen weiten aufgeweichten Weg über den Gletscher und die Granitgrate und die Steinmoränen hinunter bis zum Rio Blanco.

Hier ist es schließlich finster, stockdunkle Nacht. Den Schlafsack, mein Zuhause, meine einzige wärmende Sicherheit, aus der Holzhütte gekramt und mich wie erschlagen hineingerollt.

Wind. Wald. Sternenhimmel. Mein Mißerfolg. Quellenrauschen. Ein Siebzehn-Stunden-Tag.

14. Januar.
Abstieg ins „Basislager" zum Zelt, zum Proviant. Wind und – noch immer Sonne! Im Gletscherstrom die erste Ganzkörperwäsche, seit ich hier bin. Sonnenbrand am Nacken, an den Ohren und am Hals. Essen, soviel es geht: Spaghetti, Kartoffeln, Mais; Kohlehydrate vor allem. Walkmanmusik: Bruckners „Te Deum" und die Krönungsmesse von Mozart. Pink Floyd – „The final cut". (...and if I showed myself from my weak side, from my dark side, what would you do?...)

Früh ins „Bett" und schlecht geschlafen.

164

15. Januar.

Sonne!!! Ich bin fassungslos. Noch immer ist das Wetter gut. Der dritte Tag ist es schon. Es kommt mir wie ein patagonisches Wunder vor. Die Franzosen vor ein paar Jahren haben die Berge in drei Monaten nicht einmal g e s e h e n . . .

Das Rasen, die Unruhe in mir, die Spannung steigen. Vom Guardaparque bekomme ich eine ungefähre Skizze vom „Amerikaner-Weg".

Schwierigkeitsgrad bis VI, aber fünf Seillängen mit A1. „A" bedeutet „artificiel", das steht für künstliche Kletterei mit vielen Haken – dort muß ich frei klettern. Dieses „A" steigert die Schwierigkeiten der Freikletterei mindestens auf Grad VI. Dazu kommen aber Schnee und Eis und im Schatten die Kälte. Mehrere Minusgrade waren es vorgestern zweifellos, und die Temperatur hat sich nicht geändert, sowenig wie das Wetter – Gott sei Dank – selbst.

Nun gut, ich bin informiert.

Prechtl und seine Frau Gerit wollen mit ihrer Filmausrüstung bis zum Iglu hinauf. Sie gehen am frühen Vormittag vom Lager weg.

Ich breche später, als es schon kühler ist, auf. Ich bin alles andere als ausgeruht, die Oberschenkel sind vom vorgestrigen Rucksackschleppen noch bleischwer. In den Alpen hätte ich den heutigen Tag zweifellos noch rastend verbracht. Aber hier in Patagonien wäre es Wahnsinn, noch länger zuzuwarten. Heute bis hinauf zum Iglu, heute oder nie.

Nach neun Stunden bin ich oben. Prechtl filmt. Die Abendstimmung ist fantastisch. Esse hungerlos, soviel ich kann. Morgen werde ich weder viel Zeit noch Lust dazu haben. Geschlafen vor dem schlecht gebauten und im Innenraum stetig tropfenden Iglu in einer Mulde im Schnee.

Wichtiger als das Leben?

16. Januar. Der Gipfeltag.
Zwei Stunden Schlaf. Aufgewacht um ein Uhr. Schmelze Schnee für ein morgendliches, nächtliches heißes Getränk. Der Nachthimmel ist immer noch sternenklar, und meine Hände zittern vor Aufregung.

Für den Aufbruch ist es noch viel zu früh. Döse fröstelnd vor mich hin, ein kalter Gletscherwind fährt über meine Nase. Trinke mehrere Töpfe Tee bis zwei Uhr dreißig.

Mich mühsam und klamm angezogen und aufgebrochen um drei Uhr. Im Schein der Stirnlampe kurz auf den Gletscher abgestiegen und über heute hartgefrorenen Schnee in nur einer halben Stunde hinauf zur Wand.

Die Ausrüstung ist noch da. Heute habe ich selbst ein paar Steigklemmen mit. In der Nacht das Couloir frei klettern zu wollen wäre Wahnsinn. Ich nehme heute wie alle anderen vor mir die Fixseile zu Hilfe.

Rundherum ist es finsterste Nacht. Die kleine Stirnlampe reißt einen verschwindend kleinen Kegel in die Schwärze, macht Eis und Fels und Schnee und das von einem Wassereisfilm überzogene dünne Seil in Ausschnitten sichtbar. Meine pausenlosen Bewegungen, mein Keuchen, meine Energie, alles scheint in der Nacht zu verschwinden, ungesehen, von niemandem gefühlt, von keinem gehört. Schweiß bricht aus und rinnt trotz der Kälte über Gesicht und Nacken, und ich lecke über meine Oberlippe.

Höhersteigen. Weitergehen. Nicht stehenbleiben.

Bei Morgengrauen das Ende der Seilkette, der kurze zackige Grat. In eine Mulde gekauert schlafen die vier Argentinier. Sie sind den vierten Tag am Berg. Gestern haben sie den Gipfel erreicht. Sie sollten neben mir die einzigen sein. Die belgische Expedition, eine schweizerische Zweierseilschaft, die morgen aufsteigenden Spanier, Norweger und Franzosen scheitern. Sie haben alle trotz des seltenen Wetters entweder zu lang gewartet, sich von einer vorhergehenden Anstrengung erholen müssen, waren zu langsam oder kamen mit den schlechten Verhältnissen nicht zurecht. Giulengo, der älteste der Argentinier, wacht kurz auf und ruft mir ein „suerte" zu. Viel Glück.

Während ich zu meinem Einstieg bis über die Knie im Pulverschnee hinüberstapfe, geht die Sonne über dem Viedma-See auf. Im Rucksack sind drei Wechselobjektive, ein Convertor, und ich verschieße bei der herrlichen Stimmung drei Filme. Um sechs Uhr am Fuß des letzten Aufschwunges: Endlich bin ich an den senkrechten Felsen der Gipfelwand. Jetzt sind es ungefähr noch achthundert Meter bis zum höchsten Punkt. Ein langer, ein eisiger Weg.

Die vereiste Gipfelwand

An dieser Stelle läuft mein Bericht Gefahr, eine klettertechnische Beschreibung und Aufzählung zu werden. Eigentlich will ich das unbedingt vermeiden. Es ist nicht Sinn dieser Aufzeichnungen über meine Alleingänge, und es soll nicht Sinn dieses Buches sein, das Wie des Kletterns, des Bergsteigens zu erläutern. Da gibt es Männer, die sich mit dem Alpinismus und der Klettertechnik aus geradezu wissenschaftlicher Sicht auseinandergesetzt haben, an einige Bergführerausbildner denke ich da. Und es gibt auch technisch bessere Alleingänger als mich. Sie hätten viel mehr Berechtigung, über das Wie ihres Tuns zu reden.

Aus dieser Perspektive ließe sich über den heutigen 23-Stunden-Tag ohne weiteres ein eigenes Buch schreiben. Der Weg ist so mühsam, so eisig und verschneit, senkrecht und endlos weit! Und dann: so beeindruckend und riskant der Aufstieg, so gefährlich, langwierig und enervierend sollte der Abstieg sein. Vom Schlafsack weg brauche ich vierzehn Stunden bis zum Gipfel. Weitere neun, um wieder zurückzukommen.

Wie gesagt, nicht um die technische Seite meines Unternehmens soll es gehen. Nur an dieser Stelle läßt es sich nicht vermeiden. Denn: viele Gefühle, von den rein physischen Empfindungen abgesehen, denen, die mit der Erschöpfung und der gewöhnlichen Abgrunds- und Absturzangst zusammenhängen – Sorgen; Träume; Wünsche hatte ich nicht.

Sie scheinen mir zwar immer viel wichtiger als eine felsige Wand an sich. Der Berg ist gleichsam nur Mittel zum Zweck. Er soll helfen, mich, den Alleingänger, aus mir herauszulocken. Er soll mich fordern, aufstacheln, lachen und weinen machen; stärker werden lassen und erziehen sollen mich die Berge, und das haben sie auch die vergangenen zwölf Jahre lang getan.

So wäre mir das liebste, auch vom heutigen Tag aus dem Blickwinkel des seelischen Erlebens zu erzählen; aber da gibt es leider nicht viel zu sagen. Keine Spur von Don Quixote. Verzweiflung, Depression, Verlassensein, das sind heute Worte, die kenne ich nicht, ihre Bedeutung müßte ich im Wörterbuch nachlesen.

Denn das Wetter ist schön, ist für einen patagonischen Januar sagenhaft genug, den vierten Tag schon schön! Mehr hatte ich all die Monate nie gewollt: eine Chance zu bekommen, und jetzt habe ich sie.

Die dreiundzwanzig Stunden dieses 16. Januar sind ausgefüllt damit, die Chance zu nützen. Klettern, keinen Fehler machen, auf meine Weise auf den Gipfel gehen. Diesen Lebensstein, wie ich ihn am Anfang genannt habe, besteigen, ohne Fragen, selbstverständlich, mit aller Kraft, mit allem Einsatz.

Ganz oben stehen, möglichst viele Fotos machen, mich bei der ganzen tollen Aktion nicht umbringen.

Heute Tat und Handlung. Von Gefühlen und Ängsten soll hier nicht besonders viel die Rede sein.

Geplant hatte ich, mit dem Rucksack zu klettern. Da ist nicht viel drinnen, nur die Windjacke, die Objektive für die Kamera, ein paar Tafeln Schokolade. Aber der Rucksack selbst wiegt schon mehr als zweieinhalb Kilo. Ihn an gewissen, besonders extremen Stellen mit dem Seil nachzuziehen erweist sich als undurchführbar. Der Rucksack verklemmt sich beim ersten Überhang sofort, was eine kurze, aber heikle Abseilaktion, um ihn loszulösen, zur Folge hat, dann kraftraubender Aufstieg am Seil. Also lasse ich ihn zurück. Nur mit den allernötigsten Ausrüstungsgegenständen geht es weiter. Steigeisen, Pickel, Kamera mit dem extremen Weitwinkel (um mit der Tiefenschärfe keine Probleme zu haben) und die Schalen der Außenschuhe an einer Bandschlinge befestigt, die so als Materialgurt dient.

Diese Trageweise, das Band quer über die Schulter gelegt, ist nicht optimal und keineswegs so angenehm wie ein Rucksack; immer schnürt es einem einseitig den Hals und den Nacken ein. Aber die Behinderung durch diese lebensnotwendige Ausrüstung bei schmalen Rissen, in denen man mit der Schulter steckt und die vor allem im Granit sehr häufig vorkommen, ist minimal.

Schon nach den ersten Metern in den Felsen, vielleicht oberer IV. Schwierigkeitsgrad, erschrecke ich fast: Hier liegt viel mehr Schnee, als das von unten anzunehmen gewesen wäre. Schaut man von unten hinauf, hat man ja keinen Einblick auf die Absätze, Leisten, Bänder und Käntchen, die ausnahmslos von Pulverschnee und durchsichtigem Wassereis überzogen sind.

Das heißt Griffe-Putzen, den ganzen Tag. Mit immer bloßen Händen Pulverschnee wegkehren, Wassereis schmelzen. Die profillosen Sohlen der Kletterschuhe auf die dann von der Fingerwärme aufgeweichten, verschmierten Tritte setzen mit einer stets grenzwertigen Reibung.

Angenehm zu klettern sind nur die ganz extremen Stellen, diejenigen, vor denen ich mich eigentlich gefürchtet habe, die A1-Abschnitte. Hier ist der

Fels senkrecht, glatt, von schmalen Rissen nur durchzogen, in denen die Haken stecken. Schnee und Eis halten sich hier kaum. Keine Kunst, scheint mir, da eine Kante zu packen, die Haken zu ignorieren, ohne sie geht es viel besser und schneller, und kraftvoll mit den wenn auch klammen Fingern gehalten hoch. Nichts hält mich hier auf, nichts überrascht mich, da habe ich keine Angst. Für Augenblicke kommt sogar Freude am Klettern und an der schönen Bewegung auf.

Doch immer wieder geht es in weniger steiles Gelände über. Dort, wo man bei normalen Verhältnissen in Minutenschnelle weiterkäme, ist es heute eine tückische, eisige Rutschpartie. Mehrere Male bleibt mir gar nichts anderes übrig, als auf einem verschneiten, abschüssigen Tritt – auf einem Bein balancierend – die festen Schuhe anzuziehen; die Steigeisen darauf mit geübtem Griff fixiert und diese zehn, allenfalls zwanzig Meter einer Strecke überquert, die ich normalerweise allenfalls als Gehgelände bezeichnen würde.

Bei diesen unangenehmen Manövern vergeht jedesmal eine Ewigkeit. Nicht daß mich das bedrückt, daß mich dieses langsame Vorwärtskommen belastet. Ich klettere ohnehin, so schnell ich kann, und ich werde kommen, so weit es eben geht. Am Ende des Tages werde ich mir sicherlich nicht vorwerfen müssen, säumig gewesen zu sein oder zauderhaft.

Die Wand ist eben sehr hoch, sie scheint endlos zu sein. Es ist immer und immer wieder eine Flucht von glatten Rissen, die den endgültigen Durchstieg zum Gipfel zu versperren drohen. Der größte Fehler, den man in so einer Situation machen könnte, wäre, immer nur an den Gipfel zu denken. Der interessiert mich im Augenblick nicht. Immer und immer wieder geht es nur um den nächsten Meter Pulverschnee und Wassereis und kalte Felsen. Die Sonne scheint überall auf die von hier aus sichtbaren Gletscher, nur meine Wand hier berührt sie seit den frühen Morgenstunden nicht mehr. Je näher der Gipfelgrat rückt, desto stärker bläst ein alles durchdringender Wind. An einer der Schlüsselstellen hat er Eis und Schnee in einem Ausmaß angehäuft, daß ich für fünfzehn Meter, an denen ich mich zum Teil sichere, wohl über eine Stunde lang brauche. Aber wieder geht es nicht schneller, jeder halbe Meter ist ein Gewinn, ist ein kleiner Gipfelsieg. Nur kühle ich an dieser Stelle vollkommen aus. Mir ist bis in die innersten Lungenspitzen eisig kalt. Mein leichtes Sweatshirt, die lockere wattierte Hose setzen pausenlose schnelle Bewegung voraus. Die Temperatur hier im Schatten schätze ich auf zwischen minus fünf bis minus zehn Grad. Nirgends rinnt Wasser, alles hart gefroren.

Über eine kurze Wand führt noch eine Abseilstelle, dann geht es eine letzte spiegelglatte, fast senkrechte Verschneidung im VI. Grad hinauf. Um volle Bewegungsfreiheit zu haben, lege ich das Bündel mit meiner Ausrüstung auf einen Absatz und will es, oben angekommen, am Ende dieser Schwierigkeiten mit einem freien Seilstück nachziehen. Aber es geht nicht. Ich kann zerren und reißen, wie ich will, es geht nicht. Vielleicht die Schuhe, vielleicht die Steigeisen oder der Fotoapparat, irgend etwas hat sich unter einem kleinen Überhang verfangen.

Das bedeutet kurz abseilen, das Gepäck lösen und am fixierten Seil mich wieder kräfteraubend hochhanteln.

An dieser Stelle entsteht das einzige Selbstporträt, das ich in der Wand gemacht habe. Den einen Arm ausgestreckt und ein paarmal abgedrückt. Das aufgesetzte starke Weitwinkelobjektiv macht solche Aufnahmen möglich.

Der Ausdruck auf meinem Gesicht sagt alles.

Dann, nach einer kurzen Querung, der Gipfelgrat und Sonne und herrliche Aussicht auf die umliegenden Gletscher. Sonne, aber sie wärmt mich nicht.

Die Grenzen meiner Kraft

Der Grat bricht auf der anderen Seite in die „Supercanaletta" ab. Immer wieder erfüllt ohrenbetäubendes Krachen den Kessel: Steinschlag. Der Wind trägt den Lärm von ganz unten herauf.

An Rast ist nicht zu denken. Ich weiß nicht, wie spät es ist. Die Uhr liegt unten im Rucksack verstaut. Sie hätte mich bei dem vielen Rißklettern am Handgelenk nur gestört.

In Montblanc-ähnlichen Aufschwüngen geht es über vierzig, fünfzig Meter hohe Granitzacken weiter. Meine Hoffnung, hier auf leichteres Gelände zu stoßen, wird bitter enttäuscht. Immer wieder glatte, senkrechte Risse, kurz überhängende, sehr kraftraubende Verschneidungen.

Bei einer Scharte lasse ich das Seil zurück. Hier stecken verschiedene Haken, mit bunten, markanten Reepschnüren verschlungen. Es ist die erste Abseilstelle.

Wieder weniger Gewicht. Weiter. Nur nicht stehenbleiben.

Irgendwann läßt die Fingerkraft nach. Ein ganz feines Ziehen macht sich in den Muskeln unterhalb des Ellenbogengelenks bemerkbar. Es ist eine ferne Müdigkeit, ein dumpfes Ermatten, das sich bei gewissen, besonders anstrengenden Bewegungen und kleinen Griffen bis in die Handflächen und die einzelnen Fingerglieder selbst fortsetzt. Noch halten die Finger allerdings fest, aber ich kenne das Gefühl der Erschöpfung von überdurchschnittlich intensiven Trainingstagen sehr gut. Der noch verbliebenen Ausdauer und Kraft ist nicht mehr so recht zu trauen.

Bei normalen Verhältnissen, in einer sommerlichen Umgebung, wäre die zurückgelegte Kletterstrecke noch keine allzu kraftraubende Aktion gewesen. Aber das lange Fixiert-Sein auf ein und denselben Griff, während die andere Hand Leisten und Absätze von Schnee freiputzt, dünne Lagen von Wassereis mit der Körperwärme wegtaut, hat sehr viel Energie gekostet.

Bis fast zum Gipfel hinauf warte ich umsonst auf das ersehnte Gehgelände. Unentwegt ist der Fels so steil, daß mehr oder weniger große Teile des Körpergewichts an den Fingerspitzen hängen. Die Finger sind stets das schwächste Glied in der Muskelkette. Sie sind die Schwachstelle, die Achillesferse. Von ihnen hängt immer alles ab!

Arg zugerichtet sind sie zudem vom Frost, vom Greifen in den Pulverschnee, dem Lostauen der Griffe. Sie sind dick angeschwollen, und unter den Nägeln, die ich gestern dummerweise zu kurz geschnitten habe, quillt bei den steilsten Kletterstellen, wo der Druck auf die Kuppen am extremsten ist, Blut heraus.

Doch eigentlich ist das nicht von besonderer Bedeutung. Hauptsache, das Blut verschmiert mir nicht die Felsen und macht so die Griffe rutschig. Diesen einzigen Vorteil hat die Kälte – daß sie nämlich die Nerven betäubt und gegen Schmerzen eher unempfindlich macht.

An zwei Stellen kurz unterhalb des Gipfels steigt mir ganz überraschend aus der Tiefe meines leeren Magens eine panische Angst hoch: Es sind jeweils fast senkrechte, glatte Platten auf der Seite des Grates, wo dieser abbricht, wohl über tausend Meter tief. Der Wind fällt hier mit aller Gewalt ein. Er reißt an mir und droht mich aus dieser ohnehin schon heiklen Balance zu werfen. Griffe gibt es zudem kaum, die Hände sind fast flach an den kalten Fels gedrückt, und die Füße treten sachte fühlend von einem eisigen Tritt auf den nächsten – die Beine wie üblich weit gespreizt.

Immer noch, immer noch geschieht alles im Aufstieg. Ich habe vor diesen Stellen vor allem wegen des Abstiegs Angst. Der Wind nimmt die ganze Zeit über stetig zu. Wenigstens V. Schwierigkeitsgrad hier, so hoch über dem Abgrund, der nach wie vor an den Nerven zehrt, und ich bin müde, ungesichert die ganze Zeit, mit verletzten, wunden Fingern im ständig vereisten Fels, ungeschützt dem Wind ausgesetzt. Zudem liegt das Seil schon eine Stunde tiefer, und es ist meine einzige vage Sicherheit.

Es ist nicht abzuschätzen, wie lang es noch so aufwärts gehen wird. Dieses Gelände mit den ewig gleich scheinenden eisverkrusteten Felsen kann unheimlich täuschen. Ich bekomme Angst um die Grenzen meiner Kraft...

Schaffe ich die beiden heiklen Stellen im Abstieg nicht, so wird dieser eisige Gipfelhang zu einer tödlichen Falle für mich.

Mir ist das ganz klar, und alle Vernunft drängt zur Umkehr. „Es hat keinen Sinn, sei gescheit, tu es nicht, geh nicht weiter." Und gehe doch und kümmere mich diesmal nicht.

Es sind Stunden, da ich wieder einmal handle, als ob es etwas Wichtigeres, Wertvolleres gäbe als das Leben. Aber was mag dieses Wichtigere sein?

Es ist nicht der so nahe Gipfel, dieses trügerische Ziel. Am ehesten mag es darum gehen, eine selbstgestellte Pflicht zu erfüllen. Hinaufsteigen ohne Ausflucht, mir selbst ausgeliefert, bis es nichts Höheres mehr gibt. Klettern, bis der seltsame Punkt, der höchste – bis der Gipfel das Signal zur Umkehr gibt.

Melancholie der Erfüllung

Schließlich geht es tatsächlich nicht mehr weiter, gibt es tatsächlich kein Höher mehr. Es ist keine Täuschung.

Es erwartet mich auch nicht doch noch einmal, versteckt in einem Winkel vielleicht, wie so oft, ein unüberwindlicher eisiger Felsblock, der einen weiteren Umweg verlangt. Im Gegenteil, die letzten Meter sind sogar ganz leicht. Der Wind hat hier ganze Arbeit geleistet. Die Felsen sind von Schnee und Eis fast frei. Ich bin wirklich oben, das ist der Gipfel, der höchste Punkt.

Jetzt gilt es, keine Zeit zu verlieren und mich nicht lang zu wundern. Fotos machen, Fotos, soviel es geht. Vorsichtshalber verschieße ich den restlichen Film. Fotografiere in die Runde, ramme den Pickel in eine Felsspalte, Kamera aufgeschraubt, Selbstauslöserknopf gedrückt, das gibt mir acht Sekunden Zeit, die drei Schritte zum Gipfelblock zu springen, mich hinzusetzen.

Die Leica-Elektronik klickt einwandfrei, das Foto, alle Fotos sind gestochen scharf. Schaut nur hin, da ist es: mein eindeutiger Beweis.

Es ist ein häßliches Bild mit tiefblauem Himmel und dem Cerro Torre in der Tiefe rechts von meinem Knie und den patagonischen Gletschern im Hintergrund; mit mir selbst in der Mitte, halb zurückgelehnt – den Mund weit aufgerissen, röchelnd, für ein Lächeln reicht die Energie nicht mehr, mir ist auch überhaupt nicht zumute danach.

Ein Marathonläufer im Endspurt und scheinbar am Ende seiner Kraft. Nur besteht der gewaltige Unterschied, daß m e i n Marathon sich in einer ganz anderen Dimension abspielt, in der Senkrechten, und das seit vierzehn Stunden schon. Und ein gewaltiger Trugschluß, glaubte ich, fertig, schon im Ziel zu sein. Nein, es ist noch lange nicht vorbei. Unendlich weit oben bin ich, zweifellos. Aber je höher man hinaufkommt, desto weiter, mühsamer und gefahrvoller ist der Weg zurück...

Ja, ich bin oben, und bin doch nirgends, und setze mich, ohne wirklich zu rasten, nur für die paar Fotos hin.

Bin oben und einsam, und mir ist kalt. Es war von Anfang an klar, ich habe es die ganze Zeit über gewußt und durfte nichts anderes erwarten – was auch? Und bin trotz meiner Erschöpfung enttäuscht. Wie weit und unter welch widrigen Bedingungen ich geklettert bin, wie sehr ich mich auch um ihn bemüht habe: Dieser Gipfel in seiner eisigen Kälte will mich nicht. Die

Einsamkeit hier stößt mich fast brutal zurück, sie trifft mich tief. Vierzehn Stunden lang habe ich alles getan, um auf mich aufmerksam zu machen, alle Wärme, alle Sicherheit habe ich aufgegeben, mein Leben gleichsam eingesetzt, und doch hat es offensichtlich nichts genützt. Der Alleingänger bleibt allein. Ich hätte es wissen müssen, es ist ein unabänderliches Gesetz.

Auch darf der Alleingänger auf dem Gipfel nicht zufrieden und endlich ganz entspannt „oben" sein. Ihm steht das nicht zu.

Keine Spur von Freude in mir oder irgendeine Art von Triumph.

Warm wird einem schon gar nicht hier heroben, im Gegenteil, und auch deshalb bleibe ich nicht lang.

Die Tücke des Höhepunkts

Abstieg.

An den zwei glatten Platten von vorhin geht es ganz gut. Es scheint fast, als hätte der Wind gedreht, oder ist nur das Glück dem Tüchtigen hold?

Ich orientiere mich auch überraschend gut, was in derartigem Gelände voller Eis und Schnee besonders schwierig und schon gar nicht meine Stärke ist.

Wände wie diese klettert man ja in den Alpen nie ab. Das ist dort auch gar nicht nötig, es gibt ja fast immer einen leichteren Weg. Bergab sieht noch dazu alles ganz anders aus.

Oft ist es schwer, sich vorzustellen, wo man aufgestiegen ist, und ich habe keine Spuren hinterlassen. Bis zum Gipfel hinauf war es mit den profillosen Kletterschuhen möglich gewesen, bis auf zwei Unterbrechungen immer wieder schneefreie Felszacken und Absätze zu finden.

Es geht, es geht sogar alles ganz gut.

Nur die Bewegungen, die Gedanken, die Reaktionen werden langsam. Nichts geht mehr problemlos, nichts geht mehr schnell. Die einfachsten, unkompliziertesten Handgriffe beim Abseilen, in vielen Jahren gelernt und geübt, werden plötzlich peinlich genau und übervorsichtig bedacht und kalkuliert.

Sehr alten Menschen soll es manchmal so gehen: Dinge, die sie ein Leben lang im Schlaf beherrscht haben, Routine, wie das tägliche Waschen, das Anziehen, dauern oft stundenlang. Man wird immer leerer, man hat schon so viel gegeben, und es ist, als wären die Gedanken leicht angefroren, als hätte sich das Blut im Gehirn verdickt.

Fädele in Zeitlupe das Seil durch die eisigen Reepschnüre, klinke unendlich bedachtsam wie in Trance fast, wie ein Alkoholiker schwerfällig im Rausch die Knoten in den Karabiner ein. Als das Seil sich in einem Felsspalt verhängt und nicht mehr abziehen läßt, steige ich, apathisch gegen die neuerliche Anstrengung, hoch, hänge es aus, klinke wieder den Karabiner ein, seile mich die verlorene Strecke ab.

Insgesamt passiert mir dieses Mißgeschick in der Gipfelwand dreimal: Aufstieg zum zweiten Mal über insgesamt wohl hundert Meter senkrechte Wand...

Aber eine echte Panik überfällt mich erst beim Rucksack. Schokolade ist

176

noch drin, doch die esse ich nicht. Habe keinen Hunger, sie schmeckt mir nicht, ich spucke sie aus, werfe den Rest weg. Zu trinken, was viel wichtiger wäre, gibt es nichts.

Aber mein Stirnband! Plötzlich geht mir das Stirnband ab! Den ganzen Tag lang, so glaube ich, hatte ich es auf dem Kopf. Zumindest erinnere ich mich daran. Jetzt friert mir der abendliche und immer stärker werdende Wind fast die Ohren ab. Sie schmerzen höllisch, wo ist das Stirnband? Ich habe um meine Ohren eine panische Angst, so lächerlich das klingen mag. Krame im Rucksack, schaue in allen Taschen nach – und finde es nicht.

Irgendwann beruhige ich mich ein bißchen und klettere über das hier steile Eis weiter ab. Unkonzentriert fahre ich mit einer freien Hand über den Kopf und – entdecke, daß ich das Stirnband die ganze Zeit aufgehabt habe! Verrückt. Verrückt, soweit ist es schon ...

Längst ist die Sonne untergegangen. Nur mit einem Pickel ist die Eispassage, zirka 65 Grad steil, oberhalb des kleinen Gletschers, der hinüber zum Felsgrat mit dem Einstiegscouloir führt, sehr unangenehm. Alarmiert durch mein geistiges Versagen mit dem Stirnband – ich weiß jetzt, daß ich an einem mir bisher unbekannten Rand, an einer Grenze angekommen bin –, klettere ich noch langsamer. Die eine nackte Hand steckt immer im Eis, die Finger sinnlos in die mickrigen Kerben, die der Pickel schlägt, verkrallt. Die Handschuhe habe ich verloren, ich weiß gar nicht, wo. Es muß aber schon in der Wand gewesen sein, noch bevor ich den Gipfelgrat erreicht habe.

Wohl eine Stunde lang noch mit bloßen Händen im Schnee, aber sie tun nicht mehr weh, sind schon viel zu kalt.

Hinunter

Gute zwanzig Stunden sind vergangen, und ich bin noch immer nicht in Sicherheit. Die Sonne ist längst untergegangen, und schließlich bleibt mir für das Abseilen im Couloir nur mehr höchstens eine halbe Stunde Tageslicht. Immer stärker wird der Wind, und mit Mühe nur halten die gefühllos gewordenen Finger das Seil.

Viermal, fünfmal, sechsmal seile ich ab, die Strecke kenne ich ja vom 13. Januar schon. Die Nacht aber ist schneller, ich schaffe es nicht.

Hundert Meter über dem Gletscher herrscht stockdunkle, mondlose Nacht.

Die Standplätze für die Abseilstellen liegen zirka dreißig bis vierzig Meter weit auseinander. Mein Seil ist hundert Meter lang. Das ergibt eine maximale Abseildistanz von fünfzig Metern, die ich aber nie ausnützen kann.

Bei Tageslicht ist es kein allzu großes Problem, die Stellen auszumachen, wo die früheren Expeditionen mehrere Haken geschlagen und diese mit Reepschnüren verbunden haben. Außerdem verlaufen ja hier im Couloir die Fixseile. Aber diese und die Abseilstandplätze, an denen sie immer wieder festgemacht sind, sind durch die Niederschläge und den Wind der letzten Wochen mit Schnee und Eis fast zur Gänze zugedeckt und unsichtbar.

Schließlich tritt ein, wovor ich den ganzen Tag über und vor allem bei einbrechender Dunkelheit die größte Angst hatte: daß ich eine dieser Abseilstellen übersehe; daß sich das Seil beim Abziehen an einem Felsen verhängt; daß es sich nicht mehr einholen läßt und ich, um es loszulösen, an dem einzigen Strang, den ich noch in Händen halte, an dem ich ziehe – das andere Ende ist nach oben, in die Nacht, verschwunden –, hochsteigen muß.

Das wäre ungeheuer gefährlich, denn die Wahrscheinlichkeit ist groß, daß sich die Verklemmung plötzlich löst. Ich würde abstürzen und hätte keine Chance. Daß sich ein Seil verklemmt, war ja schon beim Abseilen in der Gipfelwand mehrmals passiert. Aber da hatte ich Tageslicht. Da war der Fels zwar senkrecht, aber ich konnte k l e t t e r n und brauchte das Seil selbst zum Aufsteigen nicht. Ich arbeitete mich eben, todmüde zwar, die Strecke, die mir vom Aufstieg schon bekannt war, nochmals ungesichert hoch, bis dorthin, wo das Seil festsaß, löste es, führte es über eine andere Stelle, damit sich das Mißgeschick nicht wiederholte, und seilte wieder ab.

Aber jetzt ist es finster, und ich habe eine der vielen bequemen Abseilstellen übersehen – kleine Absätze sind es, wo man gut stehen kann.

Hänge, notgedrungen an nur einem einzigen Haken gesichert, an einer leicht überhängenden Stelle, über die, bei dem herrschenden Frost seltsam genug, ein eisiger Wasserfall rinnt. Es ist fast so schlimm wie damals in der Eiger-Nordwand. Nur, damals war mir eigentlich warm, ich war stark und frisch, aber hier, an dieser Stelle, muß ich lange reglos im Seil hängen und bin der Kälte ausgeliefert.

Zwar habe ich die Windjacke übergestreift und, so gut es geht, in die Hose gestopft. Aber ihr Gore-tex-Material – an sich wasserdicht und atmungsaktiv – ist von der extremen Kletterei und dem scharfen Granit am Gipfelgrat an vielen Stellen zerfetzt.

So gelangt das eisige Wasser überall an meinen ohnehin schon geschwächten und ausgekühlten Körper. Rinnt über Nacken und Rücken, über die Beine, sammelt sich in den Kunststoffschuhen; findet auch vorne, bei den Ärmeln, einen Weg hinein, weil ich die Arme beim verzweifelten Zerren am verklemmten Seil hochhalten muß.

Schließlich der Wind, der patagonische Wind, der die letzten Tage so gnädig war: Jetzt ist er da mit aller Gewalt. Jetzt, in meiner schwächsten Stunde, holt er mich ein.

Zwei Stunden Schlaf, gestern acht Stunden Aufstieg, heute pausenlose Anstrengung ohne Essen, ohne Trinken, über einundzwanzig Stunden schon. Mein ganzer Körper ist dumpf und leergebrannt. Das Hirn arbeitet langsam, die Augen brennen vor Müdigkeit. Ich bin so müde und kann und will nicht mehr. Eine unendliche Verzweiflung und Hoffnungslosigkeit steigt da auf und schnürt mir die Kehle zu. Das ganze Elend mit dem Eiswasserfall, dem verklemmten Seil, dem zunehmenden Sturm – die verlorenen Handschuhe, die Nacht, alles erscheint mir als Schikane, wie eine ganz speziell für mich ausgedachte Strafe. Ich verstehe ihren Sinn nicht, kann nicht einsehen, warum mir das zustößt. Ich war doch oben, war am Gipfel, habe nur die fairsten aller Mittel gebraucht. Habe gegeben, was zu geben in mir war, habe alles eingesetzt und mich nicht geschont. Sollte es doch nicht gereicht haben? Oder bin ich zu weit gegangen, habe ich den Bogen überspannt, ist das die Strafe dafür?

Wirklich „oben" ist man erst unten, am Gletscher, im rettenden Tal. Nie war mir das so deutlich bewußt wie hier.

Ich weiß nicht mehr, was ich tun soll, und fühle ganz genau: Ich bin am

Ende. Mir fehlt selbst zum Weinen jede Kraft. Es ist aus, eine Nacht in diesem Eisschauer, ohne Handschuhe (die ohnehin, hätte ich sie noch, patschnaß und zu Eis gefroren wären), ohne Biwaksack, die Schuhe voll Wasser, im Sturm! Eine ganze Nacht überlebe ich nicht.

Die Müdigkeit wird immer größer werden, wird mich irgendwann übermannen, Erlösung wird sie verheißen, sie tut es jetzt schon, und dann schlafe ich, zum Eisklotz erstarrend, für immer ein.

Und vereise. Noch langsamer werden die Gedanken. Sie gleiten fort, und ich bin traurig, daß sie alle so weit weg sind, meine Eltern, meine Freunde, meine Liebe; daß sie mich hier in der stürmischen Nacht versinken lassen, ganz allein, nachdem ich mich so überwunden habe. Wo sind sie jetzt, die sonst immer versichern, wenn es mir einmal schlecht ginge, wären sie alle zur Stelle. Und ich lege den Kopf zwischen die immer noch hochgehaltenen, am Seil verkrallten Arme, während unentwegt eisiges Wasser in die Ärmel, über die Achseln den Körper hinunterrinnt. Habe die Stirn an der Wand, am verglasten Granit, die Augen geschlossen, und selbst der in allen Wänden um mich herum tosende Wind entfernt sich immer weiter.

Plötzlich – was tue ich, wie rette ich mich? Es muß das unvermittelt auftauchende Bewußtsein sein, daß dies ja „nur" die letzte, die härteste Prüfung vor dem so ersehnten Nachhausegehen ist, die dem Überlebenswillen neue Kraft gibt. Diese eine Anstrengung noch, dann ist es geschafft. Dann kommen der Schlafsack, gefahrloser Abstieg, der Rio Blanco, mein Zelt; ein Lastwagen nach Calafate irgendwann, ein Bus vielleicht, schließlich Flugzeuge, und ich bin daheim.

Nur dies noch. Ich schaffe es.

Reiße, mich aufbäumend, noch ein paarmal wütend an dem verklemmten Seil. Aber es ist, vom Wasser überronnen, in Minutenschnelle wie meine Kleidung vereist. Die gefühllos gewordenen Hände finden nur schlechten Zugriff und rutschen immer wieder, die Knöchel an den granitenen Felsen blutig schlagend, ab. So geht es wirklich nicht.

Auch mit den Steigbügeln an den Fixseilen, so wie heute, nein: gestern nacht hochzusteigen, um mein Seil zu lösen, oder das enorme Risiko auf mich zu nehmen und diesen Sicherungsseilstrang selbst zu benützen, ist nicht möglich: denn die Seile sind jetzt, in dem sofort frierenden Wasser, mehr als doppelt so dick, sind von Eis verglast, und da greifen die Zacken der Steigbügel nicht. Vorhin habe ich es wohl ein paarmal versucht, bin aber jedesmal – grausam erschreckend – einen halben Meter abgerutscht.

Hinunter

Wie durch einen dicken, fernen Nebel taucht in meinem Kopf die Erinnerung an die Taschenlampe auf. Die Batterie ist fast leer, aber selbst die schwächste Funzel ist besser als nichts. Mache langsam und vorsichtig überlegend einen genauen Plan:

Baumelnd im Sturm an dieser überhängenden Stelle die Steigeisen anlegen, fixiert, gesichert – es ist ein kaum abschätzbares Risiko, an einem einzigen Haken.

Bis zum Ende der Felsen fehlen noch schätzungsweise sechzig bis siebzig Meter. Dann geht es ungefähr vierzig Meter über steiles Eis bis an die Kante der überhängenden Randkluft, über die ich abseilen m u ß . Für diese zwanzig Meter hohe Stelle brauche ich mindestens genausoviel Seil. Haken gibt es dort zwar keine im Eis, aber es würde wahrscheinlich möglich sein, einen Knoten in das Fixseil zu machen.

Ein Teil meines Hundertmeterseiles hängt schon abgezogen unter mir. Es hat sich ja nicht sofort beim Abziehen verklemmt. Ich kann nur ungefähr schätzen, wie lang es ist, aber es m u ß genügen.

Auf diese vage Wahrscheinlichkeit, diese letzte Karte setze ich und schlage das Seil mit der Haue des Pickels einfach ab.

Eine andere Wahl habe ich nicht. Lasse den Rest hängen und seile mich vorsichtig stückchenweise von einem einzelnen Haken, den ich in der Dunkelheit im Eis ertaste, zum nächsten ab.

Es ist ein Vabanquespiel, doch das Wichtigste ist: Ich spiele überhaupt noch, egal wie, aber ich spiele noch mit. Die Qualität der Haken prüfe ich nicht. (Nie im Leben, selbst in den wildesten, ahnungslosesten Sturm-und-Drang-Jahren hätte ich mich in den Alpen je an nur einem Haken abgeseilt. Das ist eine bergsteigerische Todsünde, und die begeht man nicht.)

Und habe Glück und erreiche das Eis. Klettere ab, Gesicht zur Wand, die freie Hand aufs Eis gelegt. (Unglaublich, was die Hände aushalten. Am nächsten Tag sollten die Finger auf den doppelten Umfang angeschwollen sein, das feine Fleisch unter den Fingernägeln, die ja zu kurz geschnitten sind, war halb erfroren, vom scharfen Granit verletzt und schmerzte ein paar Tage lang beim leisesten Druck dermaßen, daß ich mir kaum die Schuhe selbst zubinden konnte.) Den Rest des Seiles zwischen den Zähnen – es ist für die Randkluft meine Lebensversicherung –, taste ich vorsichtig bei jedem Schritt die Dunkelheit vor dem endgültigen Abgrund ab.

Dann stoßt das Steigeisen ins Leere: die Kante, ich spüre sie sofort.

Einen Knoten in das Fixseil gemacht, den Seilschwanz eingebunden und hinuntergeworfen.

Die Taschenlampe ist fast unbrauchbar geworden. Ihr Schein reicht nicht bis zum Gletscher, und ob das Seil lang genug ist, weiß ich nicht. Möglich, daß es irgendwo ein paar Meter über der gefährlichen Spalte der Randkluft endet.

Ich zögere noch kurz, aber es gibt nichts mehr zu entscheiden. Die Wand und die Nacht bedeuten den Tod. Ich habe ja schon lange keine Alternativen mehr. Seile also ab ins Schwarze mit bangem Gefühl im Bauch – und das ist tatsächlich lang genug.

Der Gletscher. Plötzlich stehen meine Beine auf fast flachem, lächerlich ungefährlichem Boden. Eine halbe Stunde noch, dann der Iglu, mein Schlafsack. Nichts kann mehr passieren. Nichts.

Die Zeiger meiner Armbanduhr deuten gegen zwei Uhr früh. Ein Dreiundzwanzig-Stunden-Tag, in Patagonien – der Fitz Roy, mein „nächster" Schritt.

Liebe Ursula.

Ich danke den Firmen Leitz und Kodak für die erfreuliche Zusammenarbeit. Ebenso danke ich meinem Freund Peter Grimm (Bad Aibling) für viele Anregungen.

Herbert Tichy

Was ich von Asien gelernt habe
Wege, in Weisheit glücklich zu leben

Orac

Professor Dr. Herbert Tichy, weltbekannter Bergsteiger, Reiseschriftsteller und Expeditionsleiter, untersucht in diesem Buch, ob und was wir von den asiatischen Völkern lernen können und findet Lebensregeln, die uns ein Stück näher zur Findung der eigenen Identität bringen.

Format 12,2 x 20,5 cm

288 Seiten

Leinen, Schutzumschlag

In jeder Buchhandlung